WAS IST WAS

MATTHIAS MAURER

MISSION IM WELTRAUM

TESSLOFF

DIE EUROPÄISCHE WELTRAUMORGANISATION ESA UND
MATTHIAS MAURER WERDEN ALLE TANTIEMEN AUS DEM VERKAUF
DIESES BUCHES VERWENDEN, UM STUDENTISCHE PROJEKTE IM
ZUSAMMENHANG MIT DER ERFORSCHUNG DES MONDES ZU UNTERSTÜTZEN.

2. AUFLAGE 2024

BURGSCHMIETSTRASSE 2-4, 90419 NÜRNBERG
QUALITAET@TESSLOFF.COM
WWW.TESSLOFF.COM

IDEE/TEXT: MATTHIAS MAURER, SARAH KONRAD
KONZEPT/ILLUSTRATIONEN: NOA SAUER
LAYOUT: RUTH KOCH, TOBIAS LAXY, ANNIKA SWARAT
LEKTORAT: ANJA STARIGK

ALLE FOTOS IN DIESEM BUCH: ESA/NASA
AUSSER FOTO CREW-3: SPACEX

ISBN: 978-3-7886-8655-0

FSC
www.fsc.org
MIX
Papier | Fördert gute Waldnutzung
FSC® C002795

MATTHIAS MAURER

HALLO WELTRAUMFAN!
MEIN NAME IST MATTHIAS
UND ICH BIN ASTRONAUT
DER EUROPÄISCHEN
RAUMFAHRTAGENTUR ESA.

Stell dir vor: Ich durfte tatsächlich mit einer Rakete ins All reisen. Ein halbes Jahr lang habe ich auf der ISS, der Internationalen Raumstation, gewohnt. Was ich dort erlebt habe, wie toll die Schwerelosigkeit ist und warum Freunde auch fernab der Erde superwichtig sind – das möchte ich dir gerne erzählen. Also schnall dich an und lass uns losfliegen! Unser gemeinsames Abenteuer kann beginnen!

ALS ICH EIN KIND WAR ...
ALS KLEINER JUNGE TRÄUMTE ICH DAVON, DEN HIMMEL IN EINEM FLUGZEUG ZU EROBERN.

JEDES MAL, WENN EIN DÜSENJET ÜBER UNSEREN GARTEN ZISCHTE, MALTE ICH MIR AUS, WIE ES SICH WOHL ANFÜHLEN WÜRDE, IN SO EINER MASCHINE ABZUHEBEN.
AUF DIE IDEE, AN DER SPITZE EINER RAKETE IN DEN ORBIT ZU REITEN, WAR ICH ABER NIE GEKOMMEN.
DER GEDANKE, ALS DORFKIND AUS DEM KLEINEN SAARLAND IN DEN GROSSEN WELTRAUM AUFZUBRECHEN, ERSCHIEN MIR ZU ABWEGIG.

VIELE JAHRE SPÄTER ...

NACH DER SCHULE HABE ICH MATERIALWISSENSCHAFTEN STUDIERT UND MEINEN DOKTORTITEL ERWORBEN. NEUE WERKSTOFFE ZU ERFORSCHEN, BEREITETE MIR JEDE MENGE SPASS. ALS ICH MEINEN ABSCHLUSS IN DER TASCHE HATTE, BEGANN ICH DAHER FÜR EIN MEDIZINUNTERNEHMEN ZU ARBEITEN. DORT ENTWICKELTE ICH BLUTFILTER.

MEINEN KINDHEITSTRAUM ERFÜLLTE ICH MIR, INDEM ICH SEGELFLIEGER WURDE. ES GAB FÜR MICH KAUM ETWAS SCHÖNERES, ALS LAUTLOS DURCH DIE LÜFTE ZU GLEITEN UND MEINE HEIMAT AUS DER VOGELPERSPEKTIVE ZU ERKUNDEN.

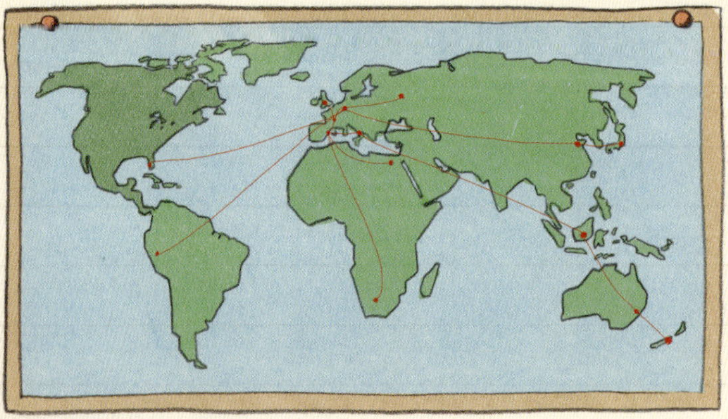

ZWISCHENDURCH GING ICH IMMER WIEDER AUF REISEN. ICH WAR IN ASIEN, AMERIKA, AUSTRALIEN, NEUSEELAND UND AFRIKA UNTERWEGS. DABEI HABE ICH VIELE VERSCHIEDENE KULTUREN UND NEUE FREUNDE KENNENGELERNT. UNSERE ERDE IST WIRKLICH WUNDERSCHÖN UND ES GIBT SO VIEL ZU ENTDECKEN.

EINES TAGES KAM ICH VON DER ARBEIT NACH HAUSE UND SAH IN DEN NACHRICHTEN, DASS DIE ESA NEUE ASTRONAUTEN SUCHTE. AN DEM BERUF FASZINIERTE MICH DIE KOMBINATION AUS WISSENSCHAFT, TECHNIK, TEAMARBEIT UND ABENTEUER. ALSO BEWARB ICH MICH – ZUSAMMEN MIT 8500 WEITEREN KANDIDATEN AUS GANZ EUROPA.

RUNDE UM RUNDE KÄMPFTE ICH MICH DURCH DAS AUSWAHLVERFAHREN. DIE PRÜFUNGEN WAREN SEHR ANSTRENGEND! PHYSIK, MATHE, SPORT, SPRACHEN, MEDIZINISCHE UNTERSUCHUNGEN, ...

NACHDEM ICH ALLE TESTS BESTANDEN HATTE, MUSSTE ICH LAAAAAANGE WARTEN. ABER IRGENDWANN KAM DER CHEF DER ESA AUF MICH ZU.

GESCHAFFT! ICH DURFTE MIT DER ASTRONAUTENAUSBILDUNG BEGINNEN. DIE NÄCHSTEN SECHS JAHRE VERBRACHTE ICH DAMIT, MICH AUF MEINEN FLUG INS WELTALL VORZUBEREITEN. DANN WAR ES ENDLICH ZEIT, ABZUHEBEN ...

(Willst du wissen, wie ein Astronaut trainiert? Dann blättere im Buch nach hinten.)

CREW-3

TOM MARSHBURN
NORTH CAROLINA, USA

Ist der Erfahrenste im Team und fliegt nun bereits zum dritten Mal zur ISS. Er arbeitet seit mehr als 15 Jahren als Astronaut, davor war er Raumfahrtmediziner. Für seine Kameraden hat er immer hilfreiche Tipps parat. Wenn er nachdenkt, redet er manchmal mit sich selbst. Er ist ein riesiger Comic-Fan.

KAYLA BARRON
IDAHO, USA

Lenkte früher als Offizierin U-Boote durch die Ozeane. Dabei hat sie gelernt, auch in gefährlichen Situationen einen kühlen Kopf zu bewahren. Das macht sie zu einer sehr guten Astronautin. Sie ist Frühaufsteherin, liebt Snacks und hat einen großen Sinn für Teamarbeit.

RAJA CHARI
WISCONSIN, USA

Kennt sich mit wilden Flugmanövern aus. Denn vor seiner Astronauten-Karriere arbeitete er als Testpilot bei der US-Luftwaffe. Er hat einen scharfen Blick und kann blitzschnell denken, reden und reagieren. Mit seinen lustigen Sprüchen bringt er andere ständig zum Lachen.

MEINE MISSION

Ich habe meine Mission »Cosmic Kiss« genannt. Sie ist für mich eine Liebeserklärung an den Weltraum, denn da draußen gibt es noch so viel zu entdecken! Mein Patch zeigt die Erde, den Mond und die Raumstation ISS. Letztere ist nur durch fünf rote Striche angedeutet. Kannst du sie erkennen? Im Inneren der ISS sieht es aus wie in einem Hightech-Labor. Weil dort Schwerelosigkeit herrscht, können wir Experimente durchführen, die auf der Erde unmöglich sind. Ich habe bei mehr als 100 Versuchen mitgemacht!

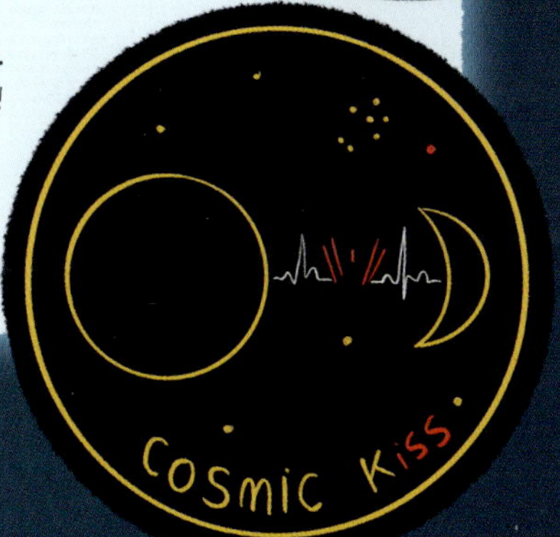

MISSION-PATCH

EXPEDITION 66

Die ISS ist eine außerirdische Wohngemeinschaft: Hier leben Astronauten aus ganz verschiedenen Ländern zusammen. In der Regel gehören die Bewohner zwei unterschiedlichen Crews an, die alle paar Monate ausgetauscht werden. Auf der Raumstation herrscht daher ein ständiges Kommen und Gehen! Während ich bei der Europäischen Raumfahrtagentur ESA angestellt bin, arbeiten Tom, Kayla und Raja als Astronauten für die US-amerikanische Raumfahrtagentur NASA. Wir alle sind Teil der Expedition 66. Zu der zählen aber noch drei weitere Raumfahrer: NASA-Astronaut Mark Vande Hei sowie die beiden russischen Kosmonauten Anton Schkaplerow und Pjotr Dubrow. Diese sind bereits vor uns gestartet und haben sich schon bestens auf der Raumstation eingelebt. Wir können es kaum erwarten, unsere Freunde endlich dort oben zu treffen!

DONNERSTAG, 11. NOVEMBER 2021
KENNEDY SPACE CENTER
FLORIDA, USA
HEUTE IST DER GROSSE TAG! WIR FAHREN ZUR STARTRAMPE.
WOW! DIE RAKETE SIEHT GIGANTISCH AUS! KAUM ZU GLAUBEN, DASS ICH MIT IHR DIE ERDE VERLASSEN WERDE. AUF DIESEN MOMENT HABE ICH SO LANGE GEWARTET!

Das ist unsere Rakete, die Falcon 9 von der Firma SpaceX. Ganz oben auf der Spitze befindet sich die Dragon-Kapsel, in der wir Astronauten sitzen.

Unserer Dragon haben wir übrigens den Namen »Endurance« (Ausdauer) gegeben.

Die Rakete besteht aus drei Teilen. Zwei davon werden während der Reise abgetrennt.

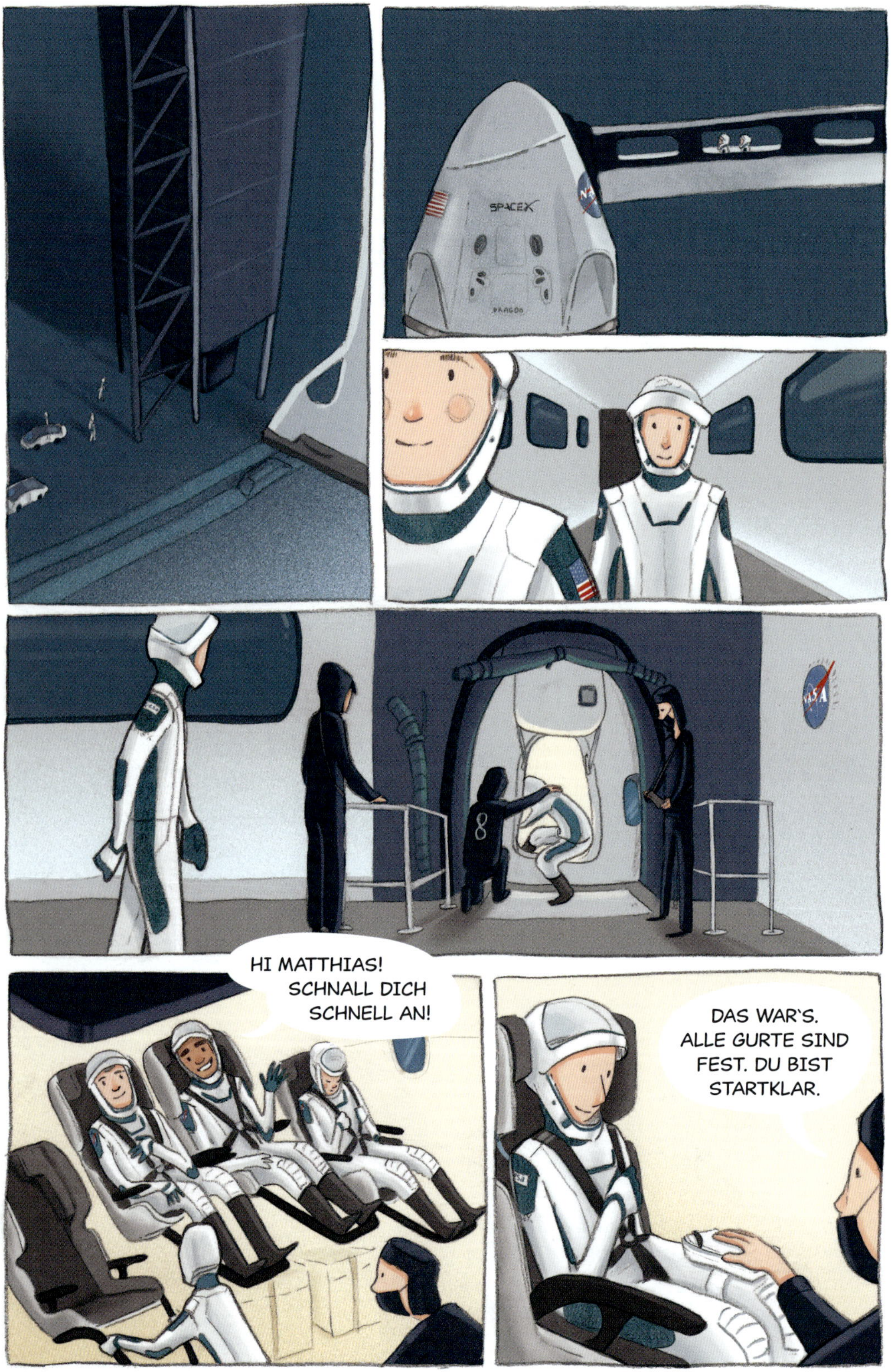
SPACEX
DRAGON
HI MATTHIAS! SCHNALL DICH SCHNELL AN!
DAS WAR'S. ALLE GURTE SIND FEST. DU BIST STARTKLAR.

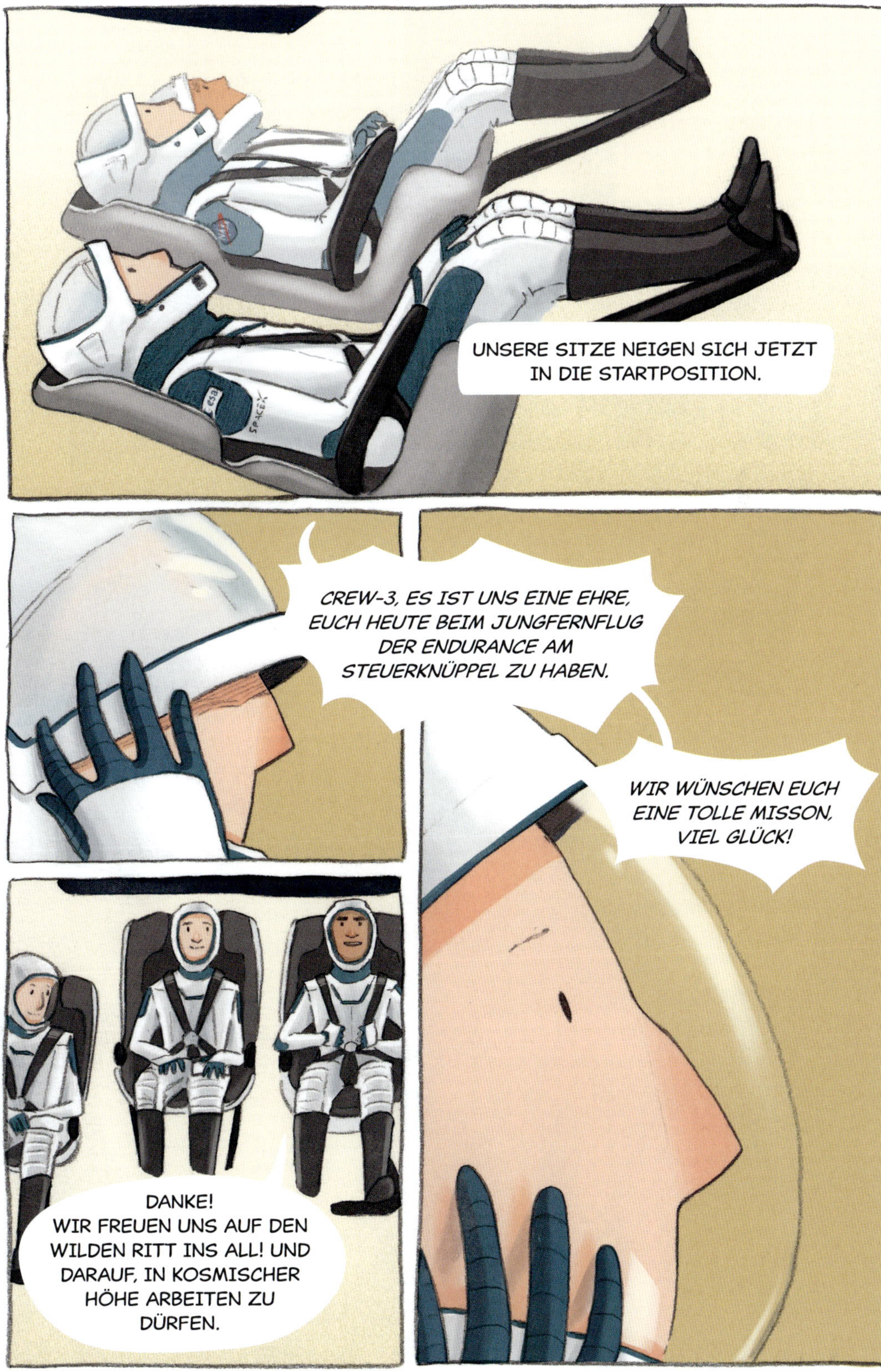
UNSERE SITZE NEIGEN SICH JETZT IN DIE STARTPOSITION.
CREW-3, ES IST UNS EINE EHRE, EUCH HEUTE BEIM JUNGFERNFLUG DER ENDURANCE AM STEUERKNÜPPEL ZU HABEN.
WIR WÜNSCHEN EUCH EINE TOLLE MISSON, VIEL GLÜCK!
DANKE! WIR FREUEN UNS AUF DEN WILDEN RITT INS ALL! UND DARAUF, IN KOSMISCHER HÖHE ARBEITEN ZU DÜRFEN.

ICH BIN TOTAL AUFGEREGT. GLEICH ZÜNDEN DIE TRIEBWERKE! TOM UND ICH SPRECHEN UNS GEGENSEITIG MUT ZU.
DER COUNTDOWN LÄUFT!
ENDURANCE – SPACEX, IHR HABT EIN GO ZUM LAUNCH.
MEIN TRAUM WIRD WAHR.
JETZT GLEICH.
10 ... 9 ... 8 ... 7 ... 6 ... 5 ... 4 ...
3 ... 2 ... 1 ...

LIFT
OFF!!

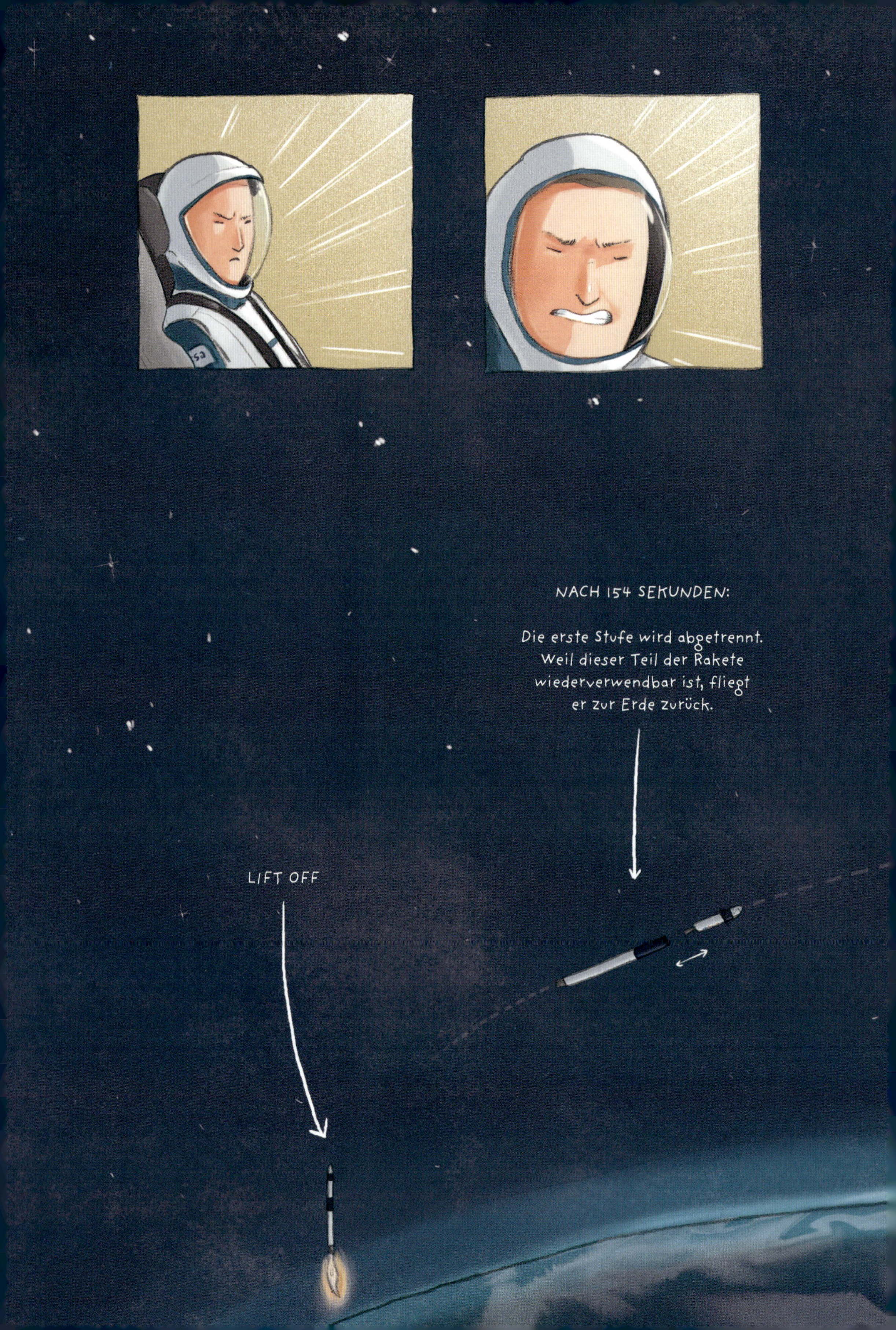
NACH 154 SEKUNDEN:
Die erste Stufe wird abgetrennt. Weil dieser Teil der Rakete wiederverwendbar ist, fliegt er zur Erde zurück.
LIFT OFF

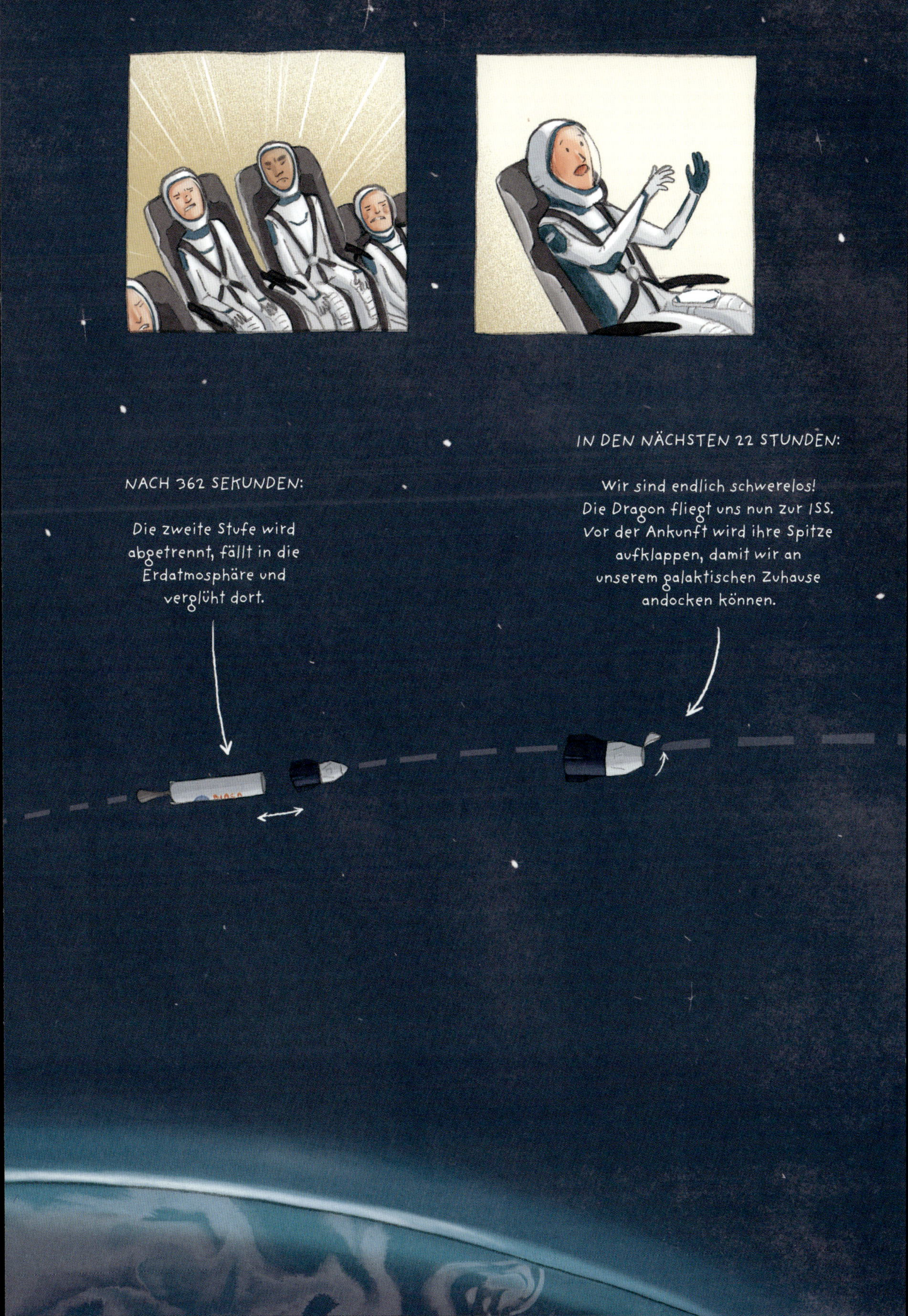
NACH 362 SEKUNDEN:
Die zweite Stufe wird abgetrennt, fällt in die Erdatmosphäre und verglüht dort.
IN DEN NÄCHSTEN 22 STUNDEN:
Wir sind endlich schwerelos! Die Dragon fliegt uns nun zur ISS. Vor der Ankunft wird ihre Spitze aufklappen, damit wir an unserem galaktischen Zuhause andocken können.

WÄHREND DES FLUGES DÜRFEN WIR UNS LOSSCHNALLEN UND SCHWEBEN.
WAS FÜR EIN SPASS!
ENDLICH KÖNNEN WIR BEQUEME KLEIDUNG ANZIEHEN, ...
... FLIEGENDE SNACKS ESSEN ...
... UND SCHWERELOS IN UNSEREN SCHLAFSÄCKEN SCHLUMMERN.

DRAGON-KAPSEL

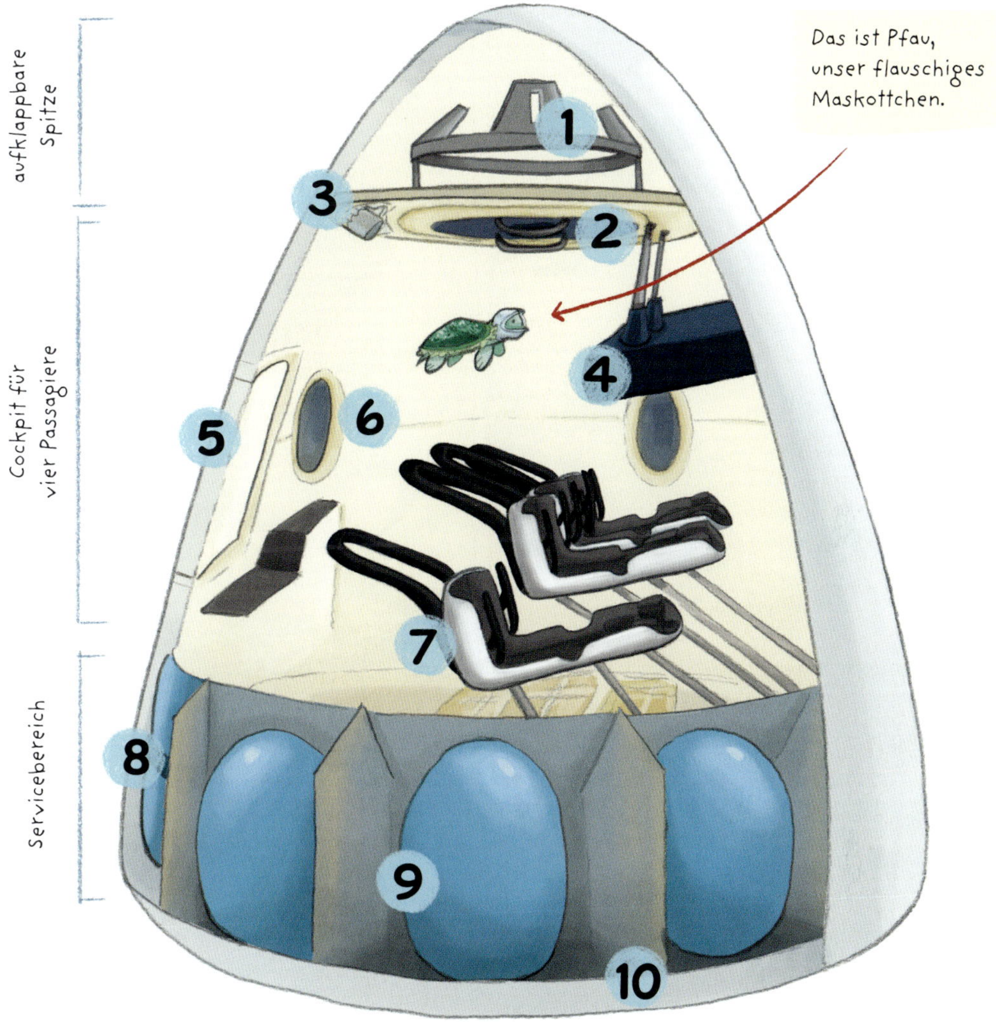

1. ANDOCKADAPTER
2. ANDOCKLUKE
3. KLO
4. STEUERPULT
5. SEITENLUKE
6. SEITENFENSTER
7. SITZE
8. LANDUNGSFALLSCHIRME
9. TREIBSTOFFTANKS
10. HITZESCHILD

HEY, AUFWACHEN! DAS MÜSST IHR EUCH ANSEHEN!
WAS IST LOS, RAJA?
WOAH, IST DIE SCHÖN ...
WIE SIE GLÄNZT ...
MACHT PLATZ! ICH WILL AUCH MAL SCHAUEN!

OOOOOOOH!
DIE ISS!
ENDURANCE, SEID IHR BEREIT FÜRS ANDOCKEN?

ENDURANCE IST BEREIT!
KONTAKT BESTÄTIGT!
IHR KÖNNT EUCH JETZT ABSCHNALLEN, DIE LUKE ÖFFNEN UND REINSCHWEBEN.

WILLKOMMEN AUF DER ISS!
HALLO MATTHIAS!
HALLO MARK!
HALLO PJOTR!
HALLO ANTON!
PSSST! RUHE, BITTE! ICH HABE EINE ÜBERRASCHUNG FÜR EUCH!
DIESE ANSTECKER ERHALTEN ASTRONAUTEN BEI IHREM ERSTEN AUFENTHALT IM WELTRAUM.
MATTHIAS, DER IST FÜR DICH, DU BIST DER 600. MENSCH IM ALL!

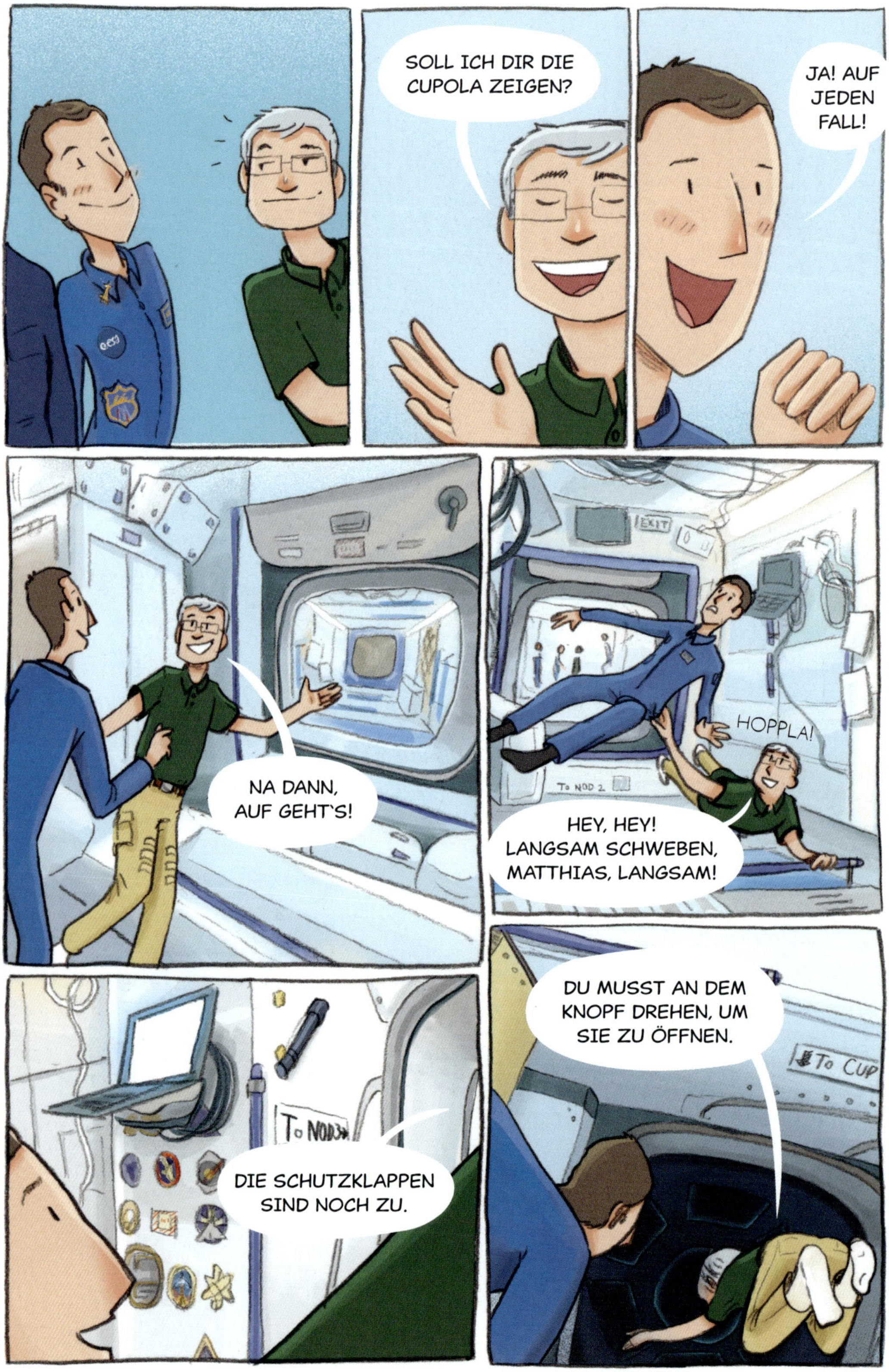
SOLL ICH DIR DIE CUPOLA ZEIGEN?
JA! AUF JEDEN FALL!
NA DANN, AUF GEHT`S!
HOPPLA!
HEY, HEY! LANGSAM SCHWEBEN, MATTHIAS, LANGSAM!
DIE SCHUTZKLAPPEN SIND NOCH ZU.
DU MUSST AN DEM KNOPF DREHEN, UM SIE ZU ÖFFNEN.

ICH WERDE MEINEN ERSTEN BLICK AUF UNSERE WUNDERVOLLE ERDE NIE VERGESSEN. DIE CUPOLA MIT IHREN GROSSEN FENSTERN IST JETZT SCHON MEIN LIEBLINGSPLATZ.

Galaktisches Zuhause

DIE ISS

INTERNATIONAL SPACE STATION
(INTERNATIONALE RAUMSTATION)

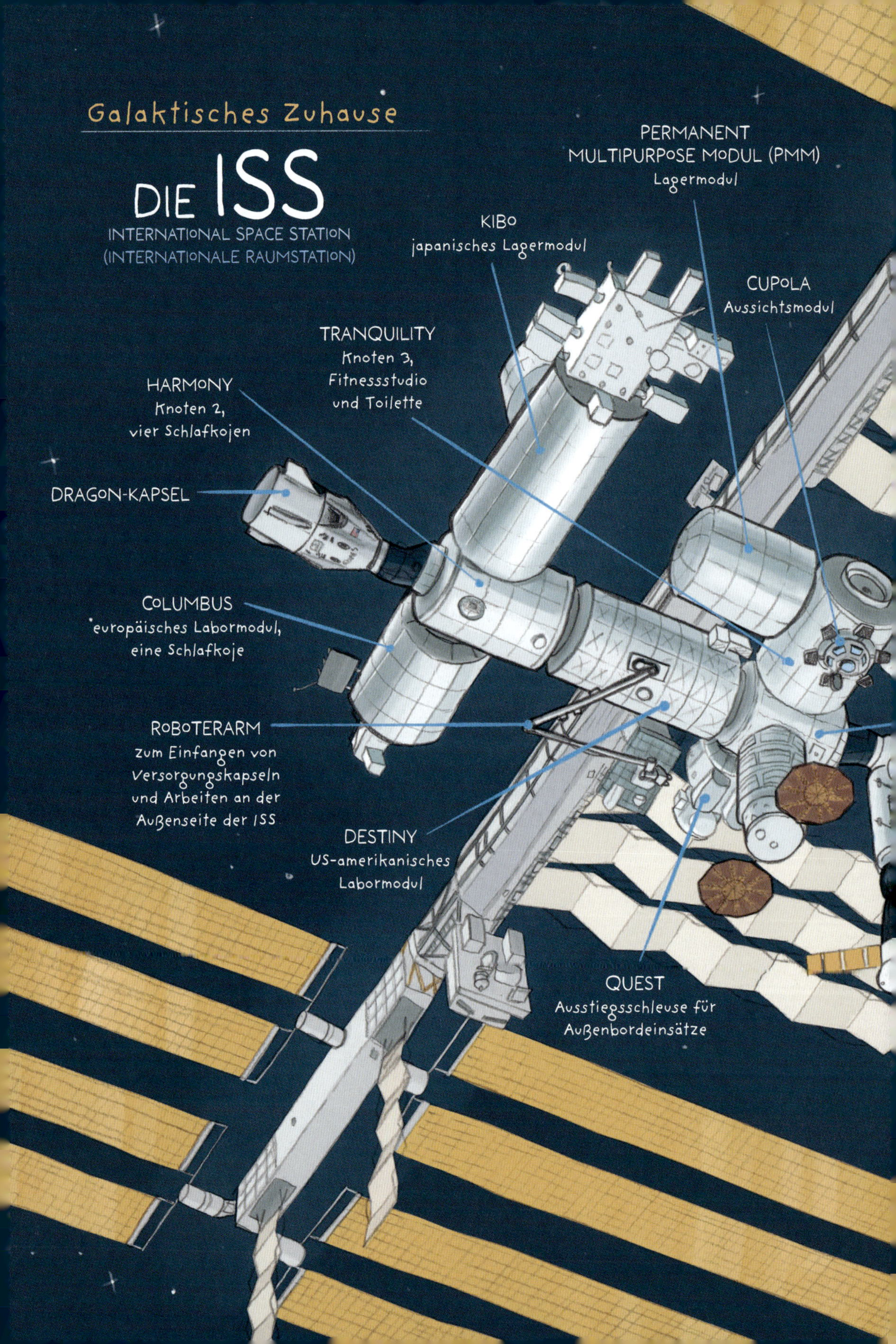

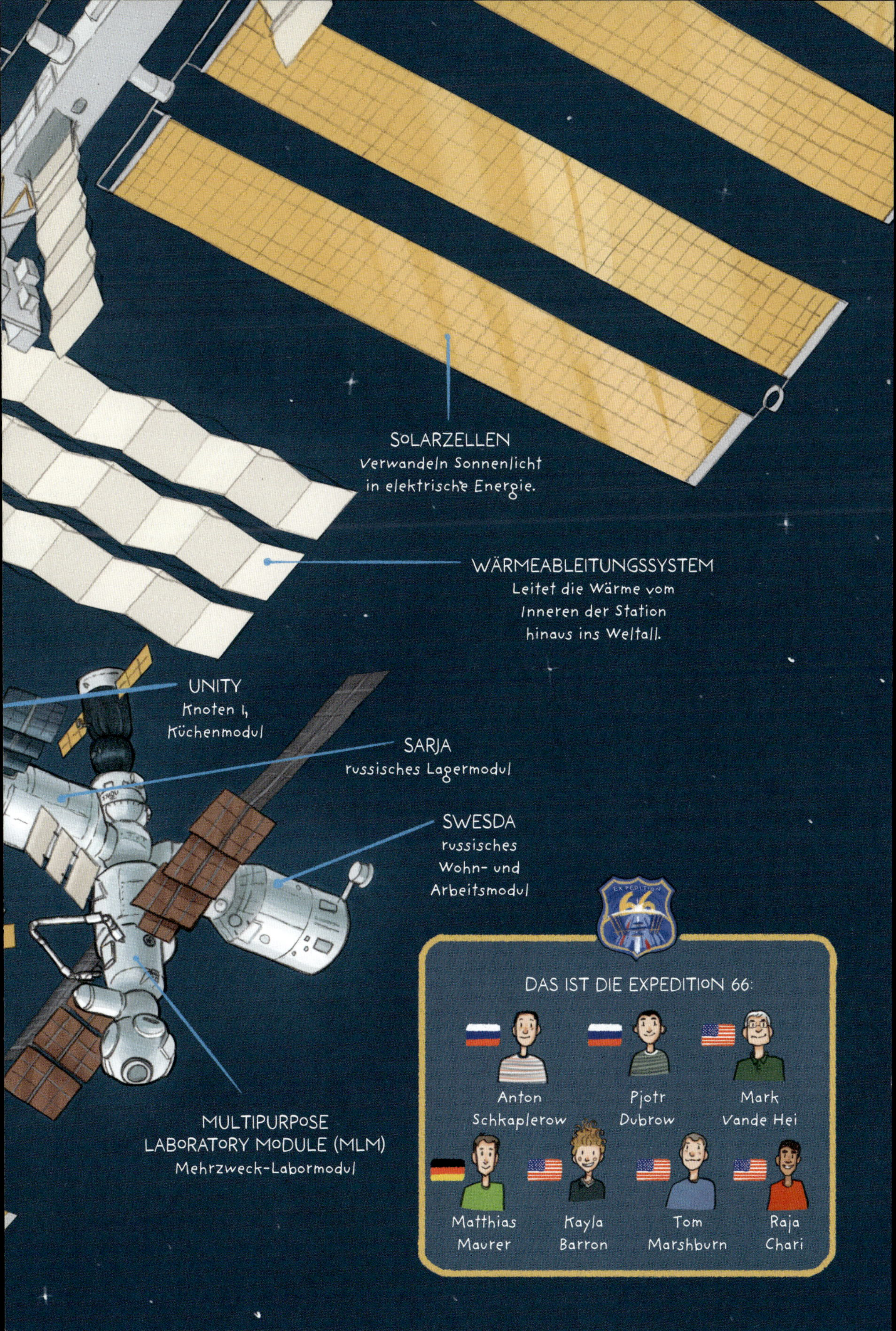
SOLARZELLEN
Verwandeln Sonnenlicht
in elektrische Energie.
WÄRMEABLEITUNGSSYSTEM
Leitet die Wärme vom
Inneren der Station
hinaus ins Weltall.
UNITY
Knoten 1,
Küchenmodul
SARJA
russisches Lagermodul
SWESDA
russisches
Wohn- und
Arbeitsmodul
MULTIPURPOSE
LABORATORY MODULE (MLM)
Mehrzweck-Labormodul
EXPEDITION
66
DAS IST DIE EXPEDITION 66:
Anton
Schkaplerow
Pjotr
Dubrow
Mark
Vande Hei
Matthias
Maurer
Kayla
Barron
Tom
Marshburn
Raja
Chari

FREITAG, 12. NOVEMBER 2021
INTERNATIONALE RAUMSTATION
Erster Tag im neuen Zuhause
Z Z Z
Was für eine Nacht! Ich habe nicht gut geschlafen. Alles ist neu und fremd. An mein Bett in der Schwerelosigkeit muss ich mich erst noch gewöhnen.
flupp
RIIIIIIIIIIIIING
AARGH!
OH WEIA! MEIN KOPF BRUMMT, MIR IST SCHWINDELIG UND ICH BIN NOCH TODMÜDE. DA HILFT NUR EINES ...

KAFFEE ...
ICH BRAUCHE
KAFFEE ...
GUTEN MORGEN, MATTHIAS!
MORGEN ... ICH ...
KAFFEE ...
HIER HAST DU EINEN BEUTEL.
DU MUSST NUR NOCH
WARMES WASSER EINFÜLLEN.
UFF, WIE KANNST
DU MORGENS
SCHON SO VIEL
ESSEN, KAYLA?
FRÜHSTÜCK IST
DIE WICHTIGSTE
MAHLZEIT
DES TAGES!
MAL SEHEN ...
WARMES WASSER ...
BLUBB
BLUBB
BLUBB
JETZT NOCH
DEN STROH-
HALM REIN ...
BLOBB
UPS!

HA HA HA
NACH DEM FRÜHSTÜCK MÖCHTE UNS MARK DURCH DIE ISS FÜHREN. DIE TOUR BEGINNT IM KNOTEN 2.
HIER IST EURE DRAGON-KAPSEL ANGEDOCKT. ZUDEM SCHLAFEN RAJA, KAYLA, TOM UND ICH IN DIESEM MODUL.
IN NOTFÄLLEN TREFFEN WIR UNS IMMER IM KNOTEN 2. WENN IHR ETWA DEN FEUER-ALARM HÖRT, MÜSST IHR SCHNELL HERKOMMEN.
GEMEINSAM SCHAFFEN WIR ES BESTIMMT, DEN BRAND ZU LÖSCHEN.
UND WENN NICHT?
DANN STEIGT IHR IN EURE KAPSEL UND FLIEGT ZUR ERDE ZURÜCK.
VOM KNOTEN 2 GELANGT IHR IN MEHRERE MODULE.
ICH ZEIGE EUCH JETZT DAS US-AMERIKANISCHE DESTINY-LABOR! FOLGT MIR!

HIER ERLEDIGEN WIR JEDEN TAG VIELE SPANNENDE EXPERIMENTE.
SIE SOLLEN DABEI HELFEN, DAS LEBEN AUF DER ERDE ZU VERBESSERN.
AN DIESER WAND HÄNGT DIE STEUERKONSOLE FÜR UNSEREN ROBOTERARM ...
... UND DORT EIN SEHR EMFPINDLICHES MESSGERÄT. ACHTUNG, IHR DÜRFT ES NICHT BERÜHREN!
WEITER GEHT'S DURCH KNOTEN 1 UND 3 ZUM PMM. DAS IST UNSER LAGERMODUL.
HIER BEWAHREN WIR VORRÄTE, ERSATZTEILE UND DEN MÜLL AUF.
MANCHMAL MÜFFELT ES ZIEMLICH EKLIG.
DAS PMM DIENT RAJA, KAYLA UND MIR ABER AUCH ALS WASCHRAUM.

JETZT SIND WIR WIEDER IM KNOTEN 1, WO IHR EBEN GEFRÜHSTÜCKT HABT. DEN TISCH KÖNNT IHR AUCH HOCHKLAPPEN.
TO FGB
IN DIESEM REGAL FINDET IHR DAS ESSEN.
ES GIBT FISCH, FLEISCH, SUPPEN, GEMÜSE, REIS UND SÜSSIGKEITEN.
ABER DIE LEBENSMITTEL SIND GENAU EINGETEILT, DAMIT SIE UNS NICHT AUSGEHEN.
LASST UNS WEITER IN KNOTEN 3 SCHWEBEN. DORT FINDET IHR NICHT NUR DAS FITNESSSTUDIO ...
... VON HIER AUS KOMMT IHR AUCH IN DIE CUPOLA.
To CUP
OOOOH!

ABER JETZT ZEIGE ICH EUCH DAS WICHTIGSTE IM KNOTEN 3 ...
TADAA! UNSER KLO!!

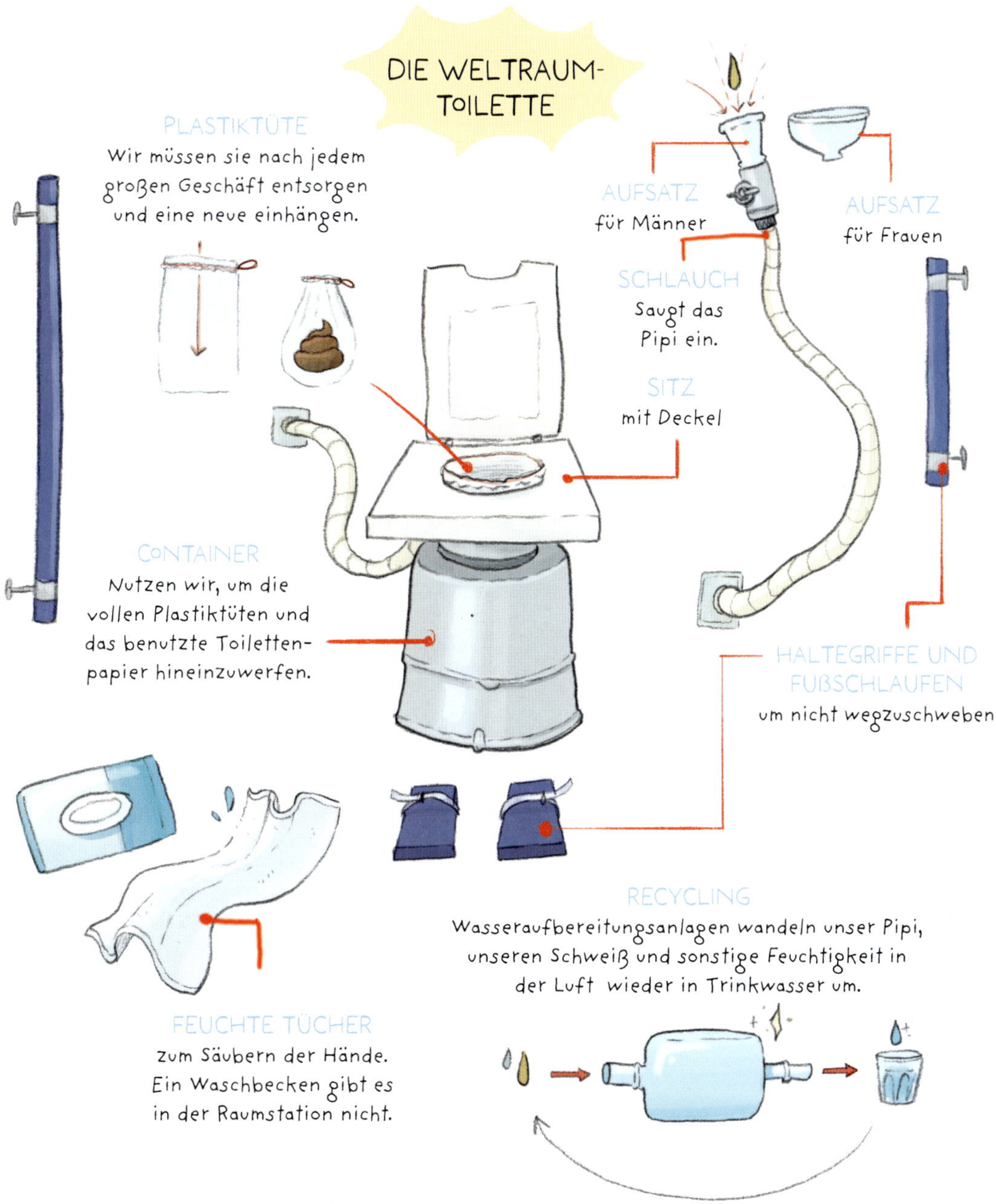
DIE WELTRAUM-TOILETTE
PLASTIKTÜTE
Wir müssen sie nach jedem großen Geschäft entsorgen und eine neue einhängen.
AUFSATZ
für Männer
AUFSATZ
für Frauen
SCHLAUCH
Saugt das Pipi ein.
SITZ
mit Deckel
CONTAINER
Nutzen wir, um die vollen Plastiktüten und das benutzte Toilettenpapier hineinzuwerfen.
HALTEGRIFFE UND FUßSCHLAUFEN
um nicht wegzuschweben
FEUCHTE TÜCHER
zum Säubern der Hände. Ein Waschbecken gibt es in der Raumstation nicht.
RECYCLING
Wasseraufbereitungsanlagen wandeln unser Pipi, unseren Schweiß und sonstige Feuchtigkeit in der Luft wieder in Trinkwasser um.

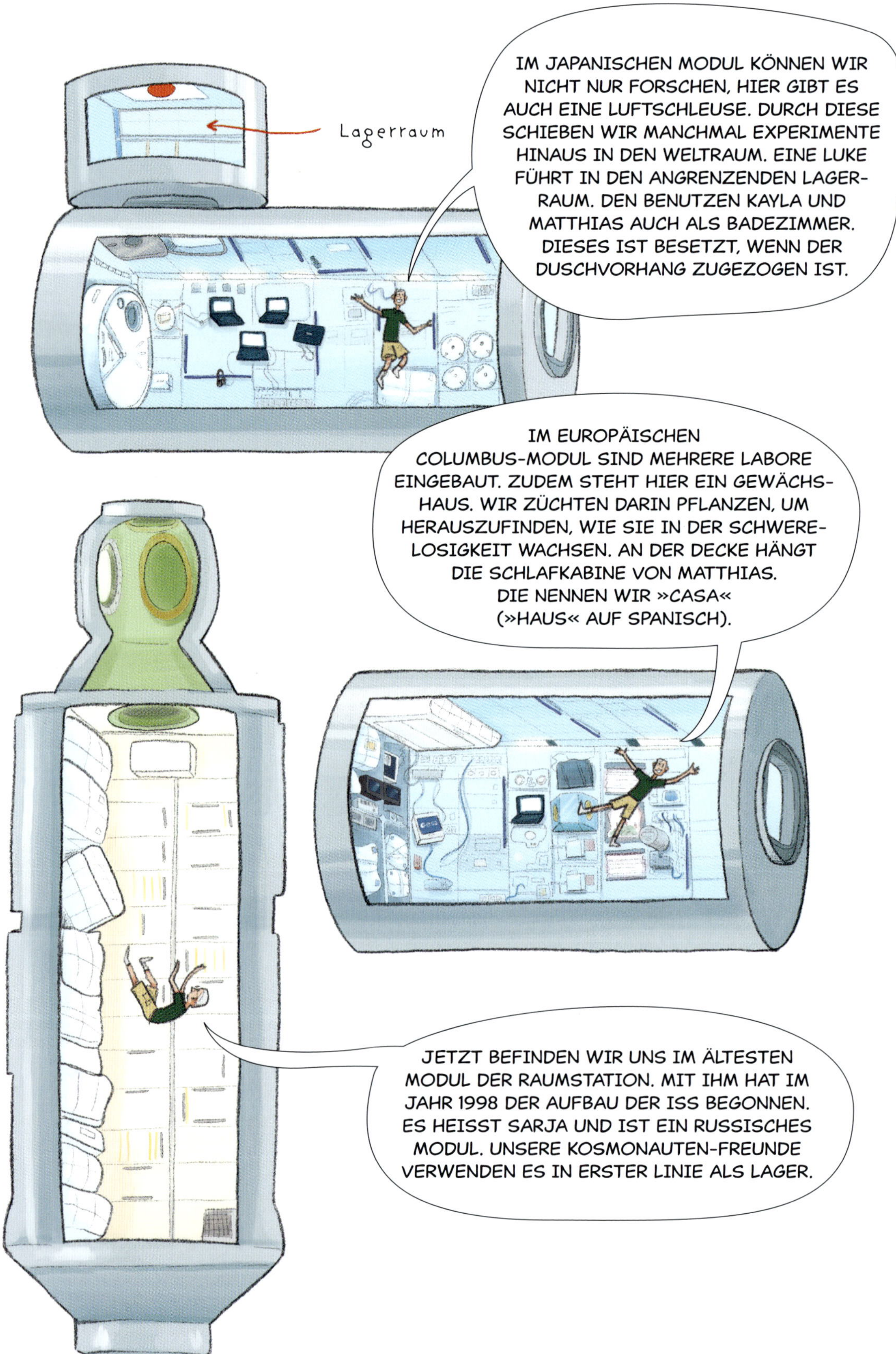
Lagerraum
IM JAPANISCHEN MODUL KÖNNEN WIR NICHT NUR FORSCHEN, HIER GIBT ES AUCH EINE LUFTSCHLEUSE. DURCH DIESE SCHIEBEN WIR MANCHMAL EXPERIMENTE HINAUS IN DEN WELTRAUM. EINE LUKE FÜHRT IN DEN ANGRENZENDEN LAGERRAUM. DEN BENUTZEN KAYLA UND MATTHIAS AUCH ALS BADEZIMMER. DIESES IST BESETZT, WENN DER DUSCHVORHANG ZUGEZOGEN IST.
IM EUROPÄISCHEN COLUMBUS-MODUL SIND MEHRERE LABORE EINGEBAUT. ZUDEM STEHT HIER EIN GEWÄCHSHAUS. WIR ZÜCHTEN DARIN PFLANZEN, UM HERAUSZUFINDEN, WIE SIE IN DER SCHWERELOSIGKEIT WACHSEN. AN DER DECKE HÄNGT DIE SCHLAFKABINE VON MATTHIAS. DIE NENNEN WIR »CASA« (»HAUS« AUF SPANISCH).
JETZT BEFINDEN WIR UNS IM ÄLTESTEN MODUL DER RAUMSTATION. MIT IHM HAT IM JAHR 1998 DER AUFBAU DER ISS BEGONNEN. ES HEISST SARJA UND IST EIN RUSSISCHES MODUL. UNSERE KOSMONAUTEN-FREUNDE VERWENDEN ES IN ERSTER LINIE ALS LAGER.

WILLKOMMEN IN SWESDA, DEM LETZTEN MODUL UNSERER TOUR. HIER WOHNEN ANTON UND PJOTR.
HALLO JUNGS!
HEY! NACH DER ANSTRENGENDEN ISS-BESICHTIGUNG SEID IHR BESTIMMT HUNGRIG.
HABT IHR LUST AUF EINE KLEINE SNACK-PAUSE?
WIR HABEN LECKEREN TWOROG! DAS IST RUSSISCHER HÜTTENKÄSE.
HMMM! IST DER LECKER! SCHMECKT MIR SOGAR BESSER ALS JOGHURT AUF DER ERDE. WAS FÜR EINE TOLLE WELTRAUM-FAMILIE!

LOGBUCH, ISS #NR. 1
MATTHIAS MAURER
SAMSTAG, 13. NOVEMBER 2021

Samstag ist traditionell Putztag auf der ISS. Wir müssen aufräumen und sauber machen wie daheim auf der Erde. Damit sich niemand vor der Arbeit drücken kann, gibt es einen Putzplan. Heute waren Kayla, Raja, Tom und ich an der Reihe. Mark hat uns freiwillig geholfen.

AUßERIRDISCHER PUTZTAG!

KLEBEBAND VERHINDERT, DASS UNSER ESSEN WEGFLIEGT.

CHECK-LISTE:

- [x] Aufräumen
- [x] Staubsaugen
- [x] Oberflächen feucht abwischen
- [x] Toilette desinfizieren
- [ ] Klopapier auffüllen
- [ ] altes Klebeband an der Tischplatte entfernen, neues befestigen
- [ ] Mülleimer leeren

Wir haben die vollen Müllbeutel sowie Toiletten-Container eingesammelt und ins PMM gebracht. Auch unsere schmutzige Wäsche haben wir in das Lagermodul hineingestopft, denn eine Waschmaschine gibt es hier oben nicht. Demnächst werden wir sämtliche Abfälle in eine leere Entsorgungskapsel verfrachten. Diese verglüht auf dem Rückweg in der Erdatmosphäre. Eine Sternschnuppe, die ihr von der Erde aus seht, könnte also durchaus eine benutzte Unterhose von mir sein!

Putzen auf der ISS macht richtig viel Spaß. Ich kann von einer Ecke zur anderen schweben und dabei die Staubkörner im Flug einfangen. Allerdings kommt mein Gehirn mit den wilden Flugmanövern noch nicht so gut klar. In der Schwerelosigkeit verliert es leicht die Orientierung, weil ich mich in alle Richtungen bewegen kann – nach oben, unten, rechts, links, vorne und hinten. Das ist für meine grauen Zellen ganz schön anstrengend.

Hallo Matthias! Wir haben beim Aufräumen dein Logbuch gefunden. Es ist in Richtung Knoten 2 geschwebt. Du musst es besser festschnallen, sonst verlierst du es ständig. Ich finde übrigens auch, dass Schweben ein super Gefühl ist. Aber genau wie du verliere ich manchmal die Orientierung und weiß für einen kurzen Moment nicht, wo ich hin muss.

Kayla

Kein Stress, Leute, das ist vollkommen normal. Wir nennen es »Space-brain«, also Weltraumhirn. Bei meinen beiden vorherigen Missionen hat es etwa zwei Wochen gedauert, bis ich wieder klar denken konnte.

Tom

Oh Wow, zwei Wochen, so lange?! Na ja, zumindest wird es irgendwann besser … Mark hat heute beim Putzen übrigens sehr lustig ausgesehen. Wie der Staubsauger hinter ihm hergeschwebt ist …

ha ha ha ☺ RAJA

MARK BEIM SAUGEN

Ihr seid die Besten! Vielen Dank, dass ihr mein Logbuch zurückgebracht habt. Ich hätte vermutlich ewig danach gesucht. In der Schwerelosigkeit fliegen Gegenstände sehr schnell weg und gehen verloren. Ich werde von nun an besser aufpassen und Ordnung halten. Versprochen.

PFAU
(Portrait by Kayla)

HEUTE MUSS ICH AUCH NOCH MEINE TASCHE AUSPACKEN UND DIE SACHEN IN DER RAUMSTATION VERSTAUEN.
Matthias Maurer
ZUERST MEINE KLEIDUNG. ICH HABE UNTER ANDEREM 6 HOSEN, 60 T-SHIRTS, 60 PAAR SOCKEN UND 60 UNTERHOSEN DABEI.
SCHUHE TRAGEN WIR HIER NUR BEIM SPORT.
SELBSTVERSTÄNDLICH GIBT ES AUCH ZAHNPASTA, DEO UND HANDTÜCHER.
AUSSERDEM HABE ICH FOTOS, GLÜCKSBRINGER UND SOGAR EIN PAAR PFLANZENSAMEN MITGENOMMEN. LETZTERE WILL ICH NACH DER RÜCKKEHR MEINER MAMA SCHENKEN, DAMIT SIE WELTRAUM-GEMÜSE IN IHREM GARTEN ZÜCHTEN KANN.
SAMEN

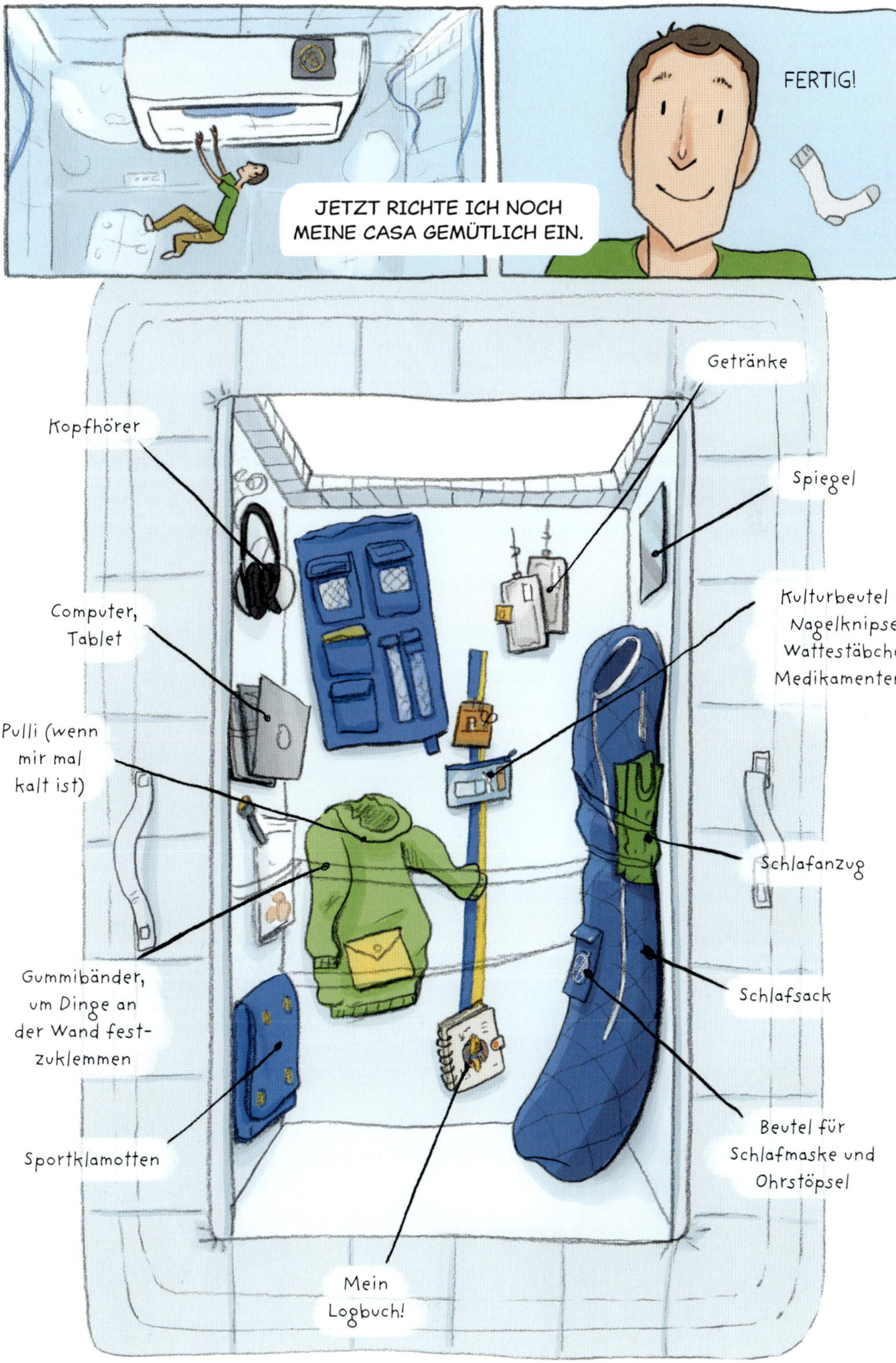
JETZT RICHTE ICH NOCH MEINE CASA GEMÜTLICH EIN.
FERTIG!
Getränke
Kopfhörer
Spiegel
Computer, Tablet
Kulturbeutel mit Nagelknipser, Wattestäbchen, Medikamenten, ...
Pulli (wenn mir mal kalt ist)
Schlafanzug
Gummibänder, um Dinge an der Wand festzuklemmen
Schlafsack
Sportklamotten
Beutel für Schlafmaske und Ohrstöpsel
Mein Logbuch!

Montag, 15. NOVEMBER 2021
INTERNATIONALE RAUMSTATION
Gefahr aus dem All
MATTHIAS! AUFWACHEN! KOMM' SCHNELL RÜBER IN KNOTEN 2!
HÄ?
WAS IST LOS? ES IST DOCH ERST 4 UHR – MITTEN IN DER NACHT!!!
KEINE AHNUNG! MARK HAT UNS ALLE GEWECKT, ABER NICHT GESAGT, WARUM.
DAS KONTROLLZENTRUM IN HOUSTON HAT UNS ANGEFUNKT ...
... EIN SATELLIT IST AUSEINANDERGEBROCHEN. ES BESTEHT DIE GEFAHR, DASS DIE TRÜMMERTEILE DIE ISS BESCHÄDIGEN.
WAS?!

WIR HABEN ZWEI STUNDEN ZEIT, UM EINE EVAKUIERUNG DER STATION VORZUBEREITEN UND UNS IN DEN RAUMSCHIFFEN IN SICHERHEIT ZU BRINGEN.
WIR MÜSSEN ALLE NICHT BENÖTIGTEN GERÄTE AUSSCHALTEN UND DIE LUKEN ZWISCHEN DEN MODULEN SCHLIESSEN.
ANTON UND PJOTR KÜMMERN SICH UM DEN RUSSISCHEN TEIL, WIR UNS UM DEN REST.
LICHT AN! ALLE AN DIE ARBEIT!
AUF GEHT'S INS EUROPÄISCHE COLUMBUS-MODUL. DAFÜR BIN ICH VERANTWORTLICH.
DIE TRÜMMERTEILE FLIEGEN SCHNELLER ALS PISTOLEN-KUGELN. SELBST WENN SIE NUR SO GROSS WIE ERBSEN SIND, KÖNNTEN SIE LÖCHER IN DIE WÄNDE DER ISS REISSEN ...
... UND UNSER SCHÖNES ZUHAUSE ZERSTÖREN.

WAS WIRD WOHL PASSIEREN?
SEHE ICH MEIN COLUMBUS-MODUL VIELLEICHT GERADE ZUM LETZTEN MAL?
KEINE ZEIT FÜR MIESE GEDANKEN. ICH MUSS MICH KONZENTRIEREN.
WIE GUT, DASS WIR AUF DER ERDE FÜR SOLCHE SITUATIONEN TRAINIERT HABEN.
CLACK!
ICH WEISS GENAU, WAS ZU TUN IST.
HOUSTON AN ISS! EUCH BLEIBEN NOCH 15 MINUTEN BIS ZUR EVAKUIERUNG.

HABT IHR ALLES ERLEDIGT?
JA! ICH BEGEBE MICH NUN MIT ANTON UND PJOTR IN DIE SOJUS-KAPSEL.
IHR MÜSST IN EURE DRAGON SCHWEBEN.
WIR BEKOMMEN BALD NEUE INFORMATIONEN.
UND JETZT?
WARTEN.
HOFFENTLICH WIRD DIE ISS NICHT GETROFFEN, SONST MÜSSEN WIR NACH HAUSE FLIEGEN.
PLÖTZLICH SIND ALLE GANZ STILL. WIR LAUSCHEN, OB WIR EINSCHLÄGE HÖREN.
GLEICHZEITG WÄCHST IN MIR EINE INNERE WUT: WIR SIND NUR IN DIESER LAGE, WEIL DIE MENSCHEN SO VIELE SATELLITEN INS ALL SCHIESSEN, DIE DANN IRGENDWANN ZU MÜLL WERDEN.

WELTRAUMSCHROTT:

KAPUTTE SATELLITEN, ALTE RAKETENTEILE, VERLORENE ASTRONAUTEN-WERKZEUGE UND SONSTIGE TRÜMMERSTÜCKE

Auf den Erdumlaufbahnen ist es ganz schön voll: Seit dem Jahr 1957 schicken Menschen schon Raketen und Satelliten ins All. Diese ermöglichen uns etwa, das Wetter vorherzusagen, das Klima zu beobachten, mit dem Smartphone zu navigieren oder im Internet zu surfen. Allerdings gehen die Satelliten mit der Zeit kaputt und lassen sich nicht mehr steuern. Sie kreisen unkontrolliert um unseren Planeten, stoßen zusammen und brechen auseinander. Dabei entstehen viele Trümmerteile. Sie verwandeln den Weltraum in eine Müllhalde.

Der Weltraumschrott könnte funktionierende Satelliten oder unsere Raumstation beschädigen. Daher müssen wir neuen Abfall vermeiden und das All aufräumen. Die ESA arbeitet bereits an einer galaktischen Müllabfuhr. Sie will ein Raumfahrzeug mit Greifarmen losschicken, das kaputte Satelliten einfängt und in die Erdatmosphäre zieht. Dort verglühen sie.

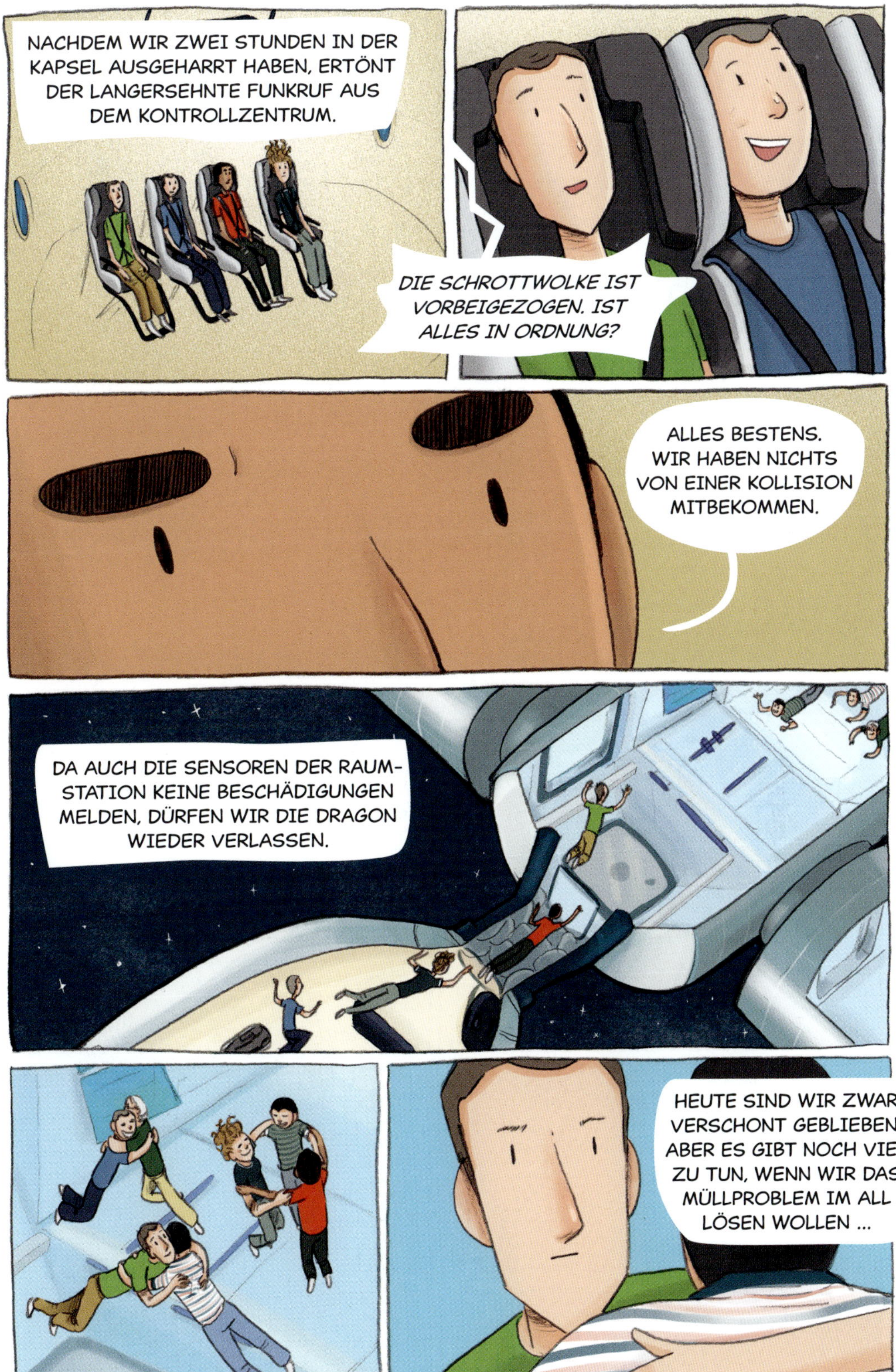
NACHDEM WIR ZWEI STUNDEN IN DER KAPSEL AUSGEHARRT HABEN, ERTÖNT DER LANGERSEHNTE FUNKRUF AUS DEM KONTROLLZENTRUM.
DIE SCHROTTWOLKE IST VORBEIGEZOGEN. IST ALLES IN ORDNUNG?
ALLES BESTENS. WIR HABEN NICHTS VON EINER KOLLISION MITBEKOMMEN.
DA AUCH DIE SENSOREN DER RAUMSTATION KEINE BESCHÄDIGUNGEN MELDEN, DÜRFEN WIR DIE DRAGON WIEDER VERLASSEN.
HEUTE SIND WIR ZWAR VERSCHONT GEBLIEBEN, ABER ES GIBT NOCH VIEL ZU TUN, WENN WIR DAS MÜLLPROBLEM IM ALL LÖSEN WOLLEN ...

Freitag, 19. NOVEMBER 2021
INTERNATIONALE RAUMSTATION
Ein Arbeitstag auf der ISS
GÄÄÄHN! HEUTE HABE ICH SEHR GUT GESCHLAFEN.
INZWISCHEN LIEBE ICH MEIN WELTRAUMBETT.
IN MEINER CASA IST ES SO GEMÜTLICH, DASS ICH IMMER ERST UM 7.15 UHR AUFWACHE – ALS LETZTER.
ICH ZIEHE MICH SCHNELL IM HALB-SCHLAF UM, ...
PUTZE DIE ZÄHNE, WASCHE MEIN GESICHT ...
... UND TRINKE IM KNOTEN 1 EINEN BEUTEL KAFFEE.
ODER ZWEI.

NACH DER MORGENBESPRECHUNG MIT DEM TEAM BEGINNT MEIN ARBEITSTAG.
UHRZEIT
06
07
08
09
10
11
12
TOM
MATTHIAS
KAYLA
MORGENROUTINE
BESPRECHUNG
KRAFTTRAINING
LIVE-SCHALTE MIT EINER SCHULKLASSE
ARBEITEN MIT ROBOTERARM
GESPRÄCH MIT FLUGMEDIZINER
VORBEREITUNG AUSSENBORDEINSATZ
PFLANZENFORSCHUNG
TOUCHING SURFACES
BLUTABNAHME M.
MITTAGESSEN
AUGEN-KONTROLLE
REINIGUNG UND WARTUNG TRINKWASSERSPENDER
MATERIAL-EXPERIMENTE
KRAFTTRAINING/LAUFBAND
ES GIBT IMMER VIEL ZU TUN.
DESHALB HAT JEDER SEINEN EIGENEN STUNDENPLAN. HIER STEHT, WAS WIR ALS NÄCHSTES ERLEDIGEN MÜSSEN.
DIE ROTE LINIE ZEIGT DEN AKTUELLEN ZEITPUNKT.
OH, SO VIEL ARBEIT! ICH SOLLTE MICH BEEILEN!
LOS GEHT'S!

COLUMBUS
EUROPÄISCHES LABORMODUL

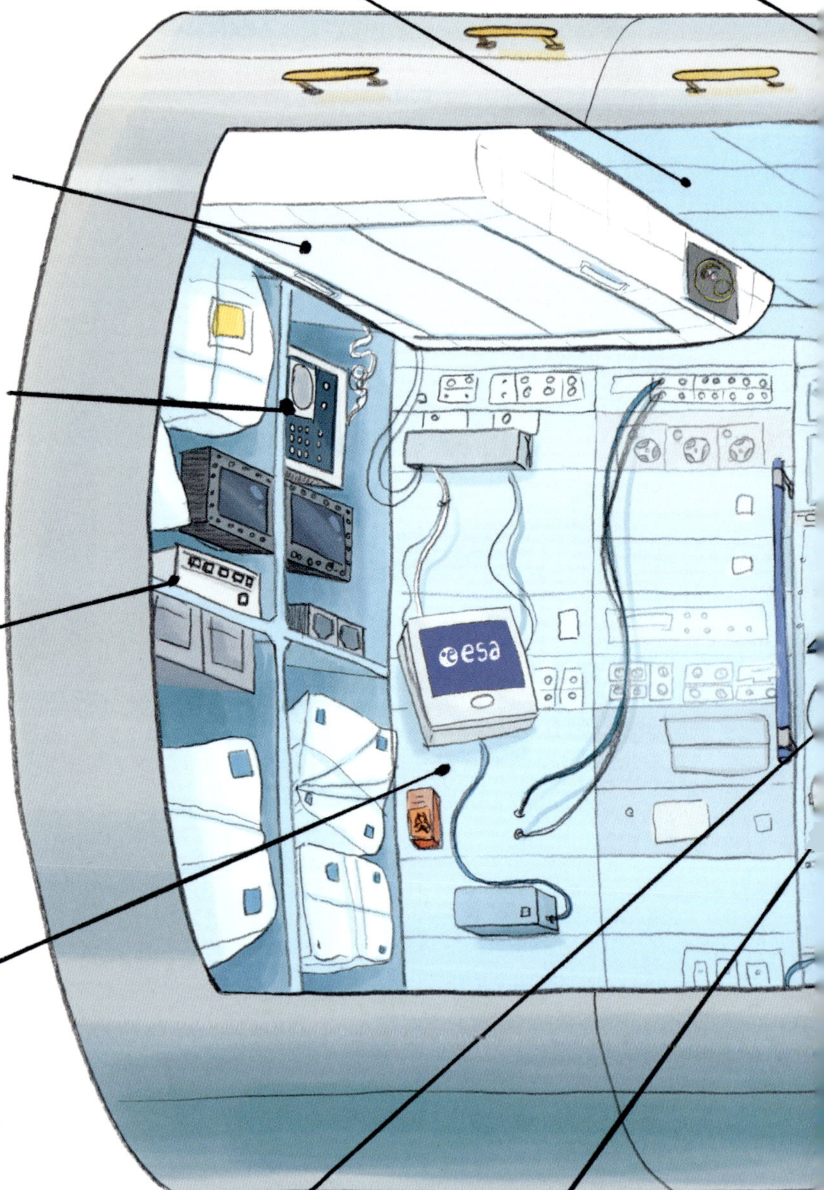

STAURAUM
für Versuche, Kleidung und sonstige Gegenstände

FLUIDLABOR
zum Untersuchen von Flüssigkeiten und Gasen in der Schwerelosigkeit

CASA
meine Schlafkabine

KAMERA UND FUNKGERÄT
zur Kontaktaufnahme mit dem europäischen Kontrollzentrum in Oberpfaffenhofen

ALARMKNÖPFE
für Notfälle wie ein Leck in den Wänden der Station, Probleme mit der Atemluft oder Feuer

LABOR FÜR BIOMEDIZINISCHE FORSCHUNG
zur Untersuchung unseres Körpers – beispielsweise Organe, Atmung und Gehirnaktivität

ZENTRIFUGE
Kann die Schwerkraft der Erde, des Mondes oder des Mars simulieren.

BIOLABOR
Hier untersuchen wir, wie sich kleine Pflanzen und Organismen in der Schwerelosigkeit entwickeln.

GEWÄCHSHAUS
für Pflanzen und Gemüse
3-D-DRUCKER
zum Drucken von Ersatzteilen
RACK
Regal für Experimente und Versorgungssysteme
HANDSCHUHBOX
durchsichtiger Kasten für gefährliche Experimente, die auf keinen Fall wegfliegen dürfen
WERKSTOFFLABOR
Hier gibt es einen Ofen, der Metalle auf bis zu 2000°C erhitzen kann.

HEUTE MUSS ICH MICH ZUERST UM UNSERE PFLANZEN KÜMMERN.
ICH BRAUCHE WASSER, SPRITZEN UND SCHLÄUCHE.
ALLES START-KLAR!
JETZT SAGE ICH DEM BODENTEAM BESCHEID, DASS ICH DIE VOR-BEREITUNGEN ABGE-SCHLOSSEN HABE.
MEINE KOLLEGEN IM KONTROLLZENTRUM UNTERSTÜTZEN MICH VON DER ERDE AUS.
SIE LEITEN MICH BEI DEN EXPERIMENTEN, DAMIT NICHTS SCHIEFGEHT.

PFLANZENFORSCHUNG

Laut meinem Aufgabenplan brauchen unsere Chilis dringend wieder Wasser. Außerdem sind die ersten Schoten reif und ich soll sie ernten.

Neben den Chilis versuchen wir, noch andere Pflanzen zu züchten, etwa Salat, Tomaten und Paprika. Wir müssen herausfinden, wie Gemüseanbau im Weltraum funktioniert. Wenn wir einmal zum Mond oder zum Mars fliegen werden, brauchen wir schließlich etwas Nahrhaftes zum Essen. Frische Lebensmittel von der Erde können wir auf solch lange Missionen nicht mitnehmen. Sie würden verderben.

Ein paar Pflanzenproben schicke ich zur Erde. Biologen untersuchen sie im Labor.

Dem Salat geht es nicht so gut. Ich habe ihm zu viel Wasser gegeben. :(

Pflanzen haben in ihren Wurzeln kleine Schwerkraftsensoren. Sie zeigen ihnen auf der Erde an, wo unten ist. In der Schwerelosigkeit funktioniert das nicht. Deshalb haben die Wurzeln keine Ahnung, in welche Richtung sie wachsen sollen. Das stresst die Pflanzen sehr.

Bei unseren Chilis hat der Stress dazu geführt, dass sie noch schärfer sind als normal.

TOUCHING SURFACES

Ein anderes Experiment, an dem ich arbeite, ist Touching Surfaces. Hierzu haben wir einen Probenträger in der ISS aufgehängt. Er ist mit speziell bearbeiteten Metallplatten bestückt. Diese berühren wir regelmäßig.

Später werden Forscher auf der Erde untersuchen, ob sich Keime darauf angesiedelt haben. Wir hoffen, dass dies nicht der Fall sein wird. Denn Ziel des Experimentes ist es, keimtötende Oberflächen zu entwickeln. Diese könnten an Türklinken in Schulen zum Einsatz kommen. So würdest du dich nicht mehr anstecken, wenn andere eine Erkältung haben.

Übrigens haben wir auch Probenträger in Schulen aufgehängt, die von Kindern berührt werden. Wir wollen vergleichen, ob sich dort weniger Keime festsetzen als auf der ISS. Davon gehen wir aus, denn im All mutieren die Keime schneller. Grund dafür sind die Schwerelosigkeit und die Weltraum-Strahlung.

Probenträger

HALLO MATTHIAS! BIST DU BEREIT ZUR BLUTABNAHME?
OH NEIN! NICHT SCHON WIEDER!
EXPERIMENTE, DIE UNTERSUCHEN, WIE DER KÖRPER VON ASTRONAUTEN IM WELTRAUM FUNKTIONIERT, SIND SEHR WICHTIG.
ICH MAG ES GAR NICHT, WENN ICH GEPIEKST WERDE.
WEISS ICH DOCH …
STILL-HALTEN!
MIT DEN BLUTPROBEN WOLLEN FORSCHER HERAUSFINDEN, WIE DER KÖRPER IN DER SCHWERELOSIGKEIT AUF ZUCKER IN DER NAHRUNG REAGIERT.
AAAH
DAS WAR DOCH GAR NICHT SO SCHLIMM.
JETZT BRAUCHEN WIR NUR NOCH ACHT WEITERE BLUTPROBEN.

EINIGE STUNDEN SPÄTER ...

HEUTE IST FREITAG!
UND?
KINO-ABEND! WIR MÜSSEN DEN PROJEKTOR VORBE-REITEN. GLEICH KOMMEN AUCH ANTON UND PJOTR!
WAS GUCKEN WIR?
ICH BIN AN DER REIHE, DEN FILM AUSZU-SUCHEN.
WAS?! DU?
ICH BIETE DIR EINEN TAUSCH AN: DU DARFST ENTSCHEIDEN, WAS WIR GUCKEN, DAFÜR BEKOMME ICH DEINEN MÜSLI-RIEGEL.
DAS IST NICHT DEIN ERNST, ODER?
HALLO LEUTE! SEID IHR BEREIT?
OOOOH, EINEN MOMENT NOCH ... !
FLUP
KLICK
ON/OFF
WENIG SPÄTER HABEN WIR UNS GEMÜTLICH EINGERICHTET.
KLICK! LICHT AUS!

DER KINO-ABEND IST NUR EINE VON VIELEN FREIZEIT-AKTIVITÄTEN.

MANCHMAL SPIELEN WIR AUCH FEDERBALL, ...
(OHNE SCHWERKRAFT FLIEGT DER BALL NICHT IM BOGEN, SONDERN IN EINER GERADEN LINIE)
... HÖREN MUSIK UND TANZEN ...
... UND POSTEN FOTOS FÜR DIE MENSCHEN AUF DER ERDE.

ABER MEIN LIEBLINGSHOBBY IST, UNSEREN PLANETEN ZU BEWUNDERN.
ICH FLIEGE NOCH KURZ IN DIE CUPOLA.
BIS MORGEN, MATTHIAS!
GUTE NACHT!

Ich kann gar nicht aufhören, Fotos zu schießen. Von hier oben betrachtet, sieht die Erde wunderschön aus. Die blauen Ozeane, die grünen Regenwälder, die weißen Berggipfel und die rotgelben Wüsten – unser Planet ist so unglaublich farbenfroh!

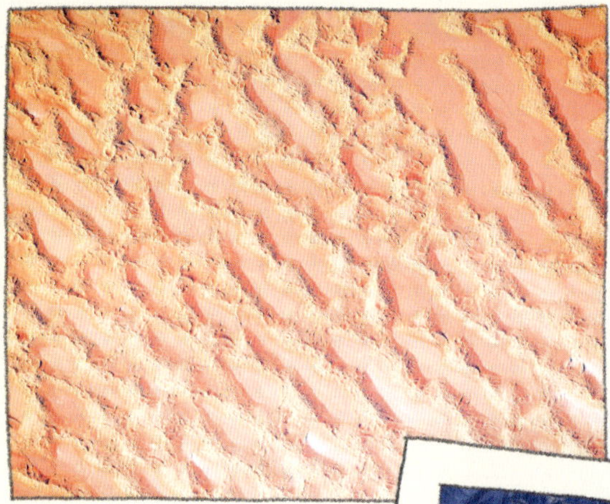

DÜNEN IN ARFIKA

OST-RUSSLAND IM WINTER

KORALLENINSELN DER BAHAMAS

Wenn ich aus dem Fenster schaue, entdecke ich manchmal auch ganz skurrile Landschaften auf der Erde. Sie sehen außerirdisch aus, als würden sie sich auf einem fremden Planeten befinden.

BRAUNKOHLEGEBIET BEI KÖLN

Aber ich erkenne auch die Spuren, die wir Menschen hinterlassen haben. Ich blicke auf große Städte und riesige Ackerflächen. Selbst die Folgen des Klimawandels bleiben mir nicht verborgen: Ausgetrocknete Seen, schmelzende Gletscher und brennende Wälder sind mit bloßem Auge sichtbar. Das macht mich sehr traurig.

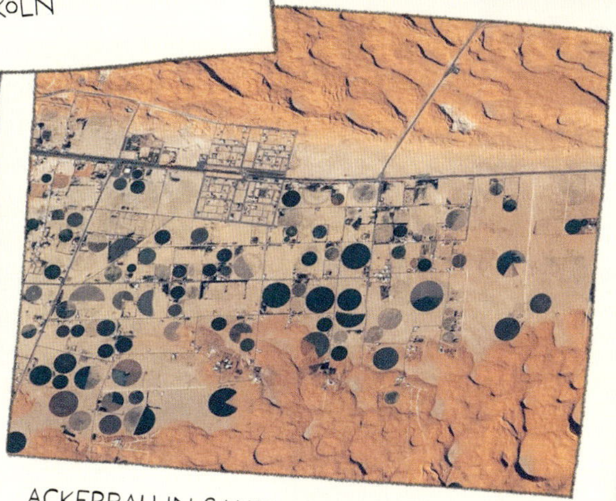

ACKERBAU IN SAUDI-ARABISCHER WÜSTE

Hier oben wird mir klar: Auch alle Menschen auf der Erde sind Astronauten. Unser Planet ist unser Raumschiff, mit dem wir durch das Weltall fliegen. Deshalb müssen wir gut auf ihn aufpassen!

Samstag, 25. DEZEMBER 2021
INTERNATIONALE RAUMSTATION
Weihnachten im Weltraum
OH NEIN! DIE ISS BRICHT AUSEINANDER!
UNTERNIMM ETWAS, RAJA!
SCHON GUT, ALLES UNTER KONTROLLE.
HÄLT WIEDER …
UND SIEHT SUPER AUS, ODER?
SPACE COOKIES
JA, NICHT SCHLECHT. ABER MEIN SCHNEEMANN IST SCHÖNER.

ALLE PLÄTZCHEN SIND TOLL GEWORDEN!
MEINS IST ABER DAS BESTE.
WAS SAGST DU DA?
MEINE ZUCKERGLASUR IST PERFEKT!
NASA
IM WELTRAUM SCHMECKEN DIE PLÄTZCHEN UND DAS FESTESSEN BESONDERS LECKER. WIR KÖNNEN GAR NICHT GENUG DAVON BEKOMMEN.
WAS FÜR EIN GALAKTISCHES WEIHNACHTS-FEST!
SO! GENUG GEFEIERT, ZURÜCK AN DIE ARBEIT!
SOLLEN WIR DIE KAPSEL WEITER AUSLADEN?
JA!

VOR EIN PAAR TAGEN IST EIN DRAGON-RAUMSCHIFF MIT EXPERIMENTEN, ESSEN UND ERSATZTEILEN ANGEKOMMEN.
DIE KAPSEL SIEHT AUS WIE DIE DRAGON, MIT DER WIR ZUR ISS GEFLOGEN SIND, KANN ABER KEINE MENSCHEN TRANSPORTIEREN.
BOAH, DIE KAPSEL IST GANZ SCHÖN VOLLGELADEN.
SCHAUT MAL, WAS ICH HIER GEFUNDEN HABE!
ICH HABE AUCH ETWAS SPANNENDES ENTDECKT!

WIR KÖNNEN ES KAUM ERWARTEN, ALL DIE NEUEN DINGE AUSZUPACKEN …

BIOPFLASTER

Bei dem Experiment werden wir mit einem handlichen 3-D-Drucker ein neuartiges Pflaster mit körpereigenen Hautzellen herstellen. Dieses lässt Wunden schneller heilen.

FRISCHES OBST UND GEMÜSE!

Die Kapsel hat uns auch Tomaten, Bananen, Äpfel und viele weitere frische Lebensmittel gebracht. Damit sie nicht schlecht werden, essen wir sie gleich auf.

MOCHII: ELEKTRONEN-MIKROSKOP

Etwas ganz Besonderes ist das kleinste Elektronen-Mikroskop der Welt. Mit ihm können wir die Oberflächen von Metallproben genau anschauen.

NEUES OBERTEIL FÜR RAUMANZUG

Bald stehen die nächsten Außenbordeinsätze an. Mit dem neuen Raumanzug werden wir uns sicher im freien Universum bewegen können.

Dienstag, 1. FEBRUAR 2022
INTERNATIONALE RAUMSTATION
Ein irdischer Anruf
RIIIIIIIIIIIIIIING....
RIIIIIIIIIIIIIIIIIIIING....
MANCHMAL RUFEN MICH MEINE FREUNDE UND MEINE FAMILIE VON DER ERDE AUS AN.
HALLO MAMA, HALLO PAPA!
HALLO MATTHIAS! WIE GEHT ES DIR?
PASST DU GUT AUF DICH AUF, DA OBEN?
ISST DU AUCH GUT?
JAAAA, KEINE SORGE! ALLES SUPER! ICH GENIESSE JEDE SEKUNDE IN DER SCHWERELOSIGKEIT.
WIE GEHT ES EUCH?
UNS GEHT ES AUCH GUT! WAS TREIBST DU DENN GERADE SO?

MMH …
ZURZEIT ARBEITE ICH AN DEM EXPERIMENT MASON.
DAS HEISST AUF DEUTSCH MAURER UND PASST SOMIT PERFEKT ZU MIR.
SCHAUT MAL, IN DIESEM BEUTEL IST ALLES, WAS ICH DAFÜR BRAUCHE.
AH, UND WAS MACHST DU DAMIT?
ICH MUSS VERSCHIEDENE SORTEN BETON MISCHEN.
UND WOFÜR SOLL DAS GUT SEIN?
CO_2
BEI DER BETONHERSTELLUNG ENTSTEHT JEDE MENGE CO_2. DAS IST SCHLECHT FÜRS KLIMA.

AUF DER ERDE BESTEHEN FAST ALLE GEBÄUDE AUS BETON. WIR BRAUCHEN SEHR VIEL DAVON.
DAHER VERSUCHEN WIR, AUF DER ISS UMWELT-FREUNDLICHEN BETON ZU ENTWICKELN.
SO KÖNNEN WIR EINEN GROSSEN BEITRAG ZUM KLIMASCHUTZ LEISTEN.
INTERESSANT!
ABER WARUM MACHT IHR DAS IN DER RAUM-STATION?
WEIL BETON IN DER SCHWERELOSIGKEIT ANDERS AUSHÄRTET ALS AUF DER ERDE. DIES ZU ERFORSCHEN, HILFT WISSENSCHAFT-LERN, DIE BETON-MISCHUNGEN ZU VERBESSERN.

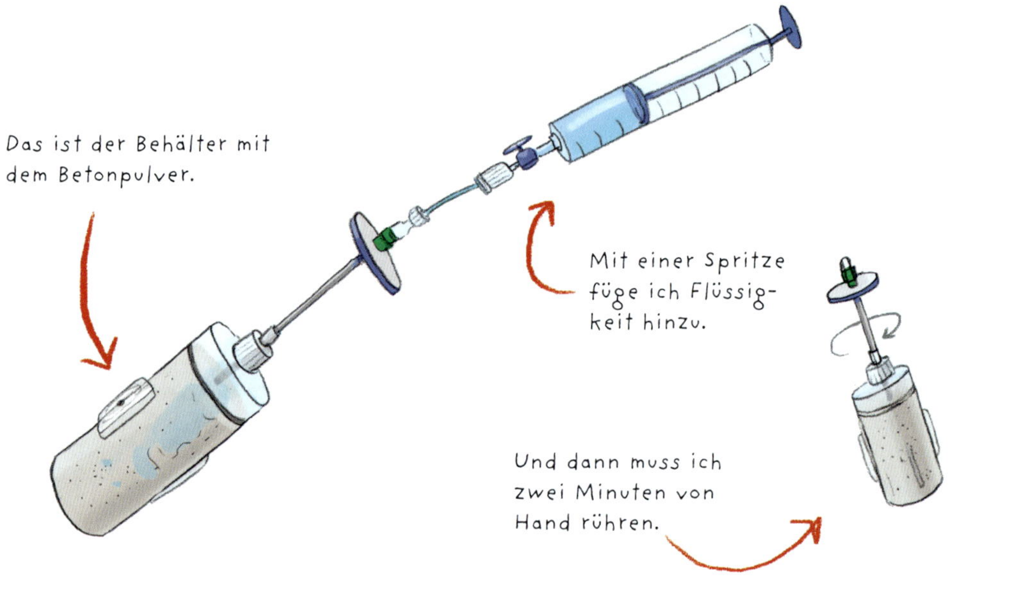
Das ist der Behälter mit dem Betonpulver.
Mit einer Spritze füge ich Flüssig-keit hinzu.
Und dann muss ich zwei Minuten von Hand rühren.

AM ENDE ENTSTEHT EINE BETONPROBE, DIE AUF DER ERDE UNTERSUCHT WIRD.
ICH MUSS 64 VERSCHIEDENE PROBEN MISCHEN!
MEINE LIEBE GÜTE, DAS SIND JA VIELE.
UND ICH RÜHRE SIE ALLE IN DER HANDSCHUH-BOX AN.
SO KANN MIR KEIN PULVER IN DIE AUGEN SCHWEBEN. DAS WÄRE GEFÄHRLICH.
HEY, MATTHIAS, WIR SEHEN NICHTS!
DU BIST ZU WEIT WEG!
OH, ENTSCHULDIGUNG.
ABER DAS WAR OHNEHIN ALLES, WAS ICH EUCH ZEIGEN WOLLTE.
JETZT MUSS ICH MICH WIEDER AN DIE ARBEIT MACHEN.
DANN LOS! WIR WOLLEN DICH NICHT AUFHALTEN.
ES WAR SCHÖN, EUCH ZU SEHEN! BIS BALD!

LOGBUCH, ISS #NR. 2
MATTHIAS MAURER
SAMSTAG, 19. FEBRUAR 2022

Jetzt bin ich schon seit 100 Tagen im All und mein Körper hat sich verändert. Ich habe ein dickes Gesicht und dürre Beine bekommen. Das liegt daran, dass meine Körperflüssigkeiten ohne Schwerkraft nicht in die untere Körperhälfte gezogen werden. Stattdessen sammeln sie sich in der oberen an. Wie bei einem Handstand, probiere es doch mal aus!

DER KÖRPER IN SCHWERELOSIGKEIT!

Die Schwerelosigkeit hat auch zur Folge, dass meine Wirbelsäule nicht mehr gestaucht wird. Dadurch dehnen sich meine Bandscheiben aus und ich bin um fast vier Zentimeter gewachsen!

Weil ich hier oben fliege, statt zu laufen, hat sich die Hornhaut auf meinen Fußsohlen zurückgebildet. Dafür ist neue auf den großen Zehen gewachsen. Mit ihnen hake ich mich ständig irgendwo fest, damit ich nicht davonschwebe.

Da im Weltraum alles federleicht ist, beanspruchen wir unsere Muskeln deutlich weniger. Um stark und fit zu bleiben, trainieren wir jeden Tag zweieinhalb Stunden (sehr anstrengend!).

Beim Sport trage ich meinen Easy-Motion-Skin-Overall. Dieser Trainingsanzug ist Teil eines Experiments.

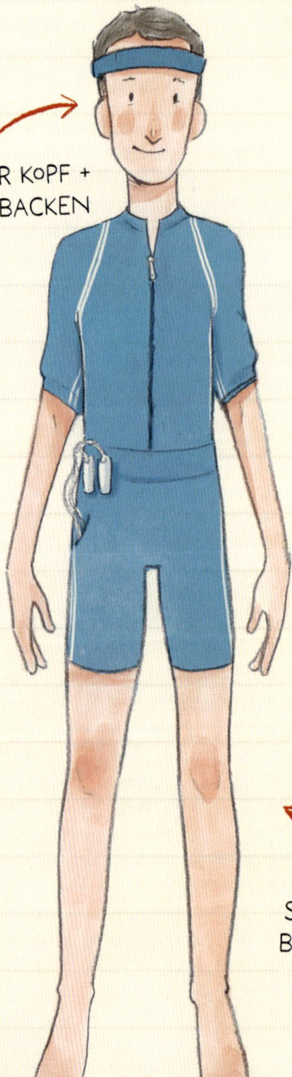

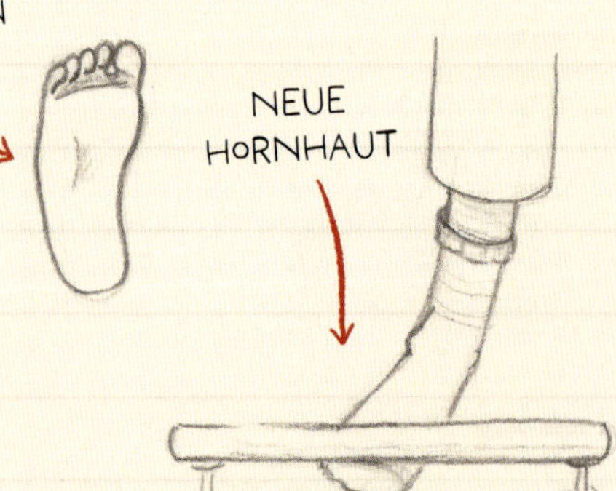

LAUFBAND

Raja hat sich heute über den engen Anzug lustig gemacht. Er sagt, man könne meine Po-Ritze erkennen. Alle haben mich ausgelacht. Aber das ist mir egal. Ich bin stolz auf meinen Anzug, denn er ist ein technisches Meisterstück. Er kann meine Muskeln durch leicht spürbare Stromschläge dazu anspornen, sich beim Training noch mehr anzustrengen. In Zukunft werden ihn auch kranke Menschen auf der Erde benutzen, um ihre geschwächte Muskulatur zu stärken.

In unserer Muckibude haben wir drei Fitnessgeräte: ein Laufband, auf dem wir uns mit einem Gurt festschnallen; eine spezielle Maschine fürs Krafttraining; und ein Fahrrad ohne Sattel – den brauchen wir in der Schwerelosigkeit nicht.

Bei den sportlichen Übungen muss ich einen genauen Zeitplan einhalten. Das fällt mir aber ganz schön schwer. Das Trainingsgerät steht nämlich unter dem großen Weltraumfenster und ich lasse mich immer wieder von der atemberaubenden Aussicht ablenken.

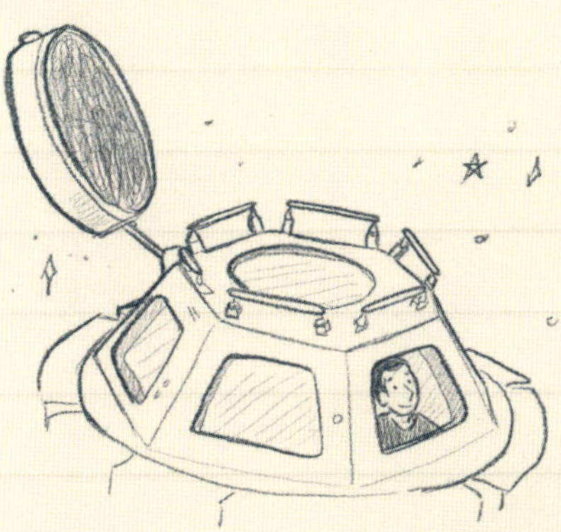

KRAFTTRAININGSGERÄT

NACH 100 TAGEN IM WELTRAUM
VERMISSE ICH NICHT NUR MEINE
FREUNDE UND MEINE FAMILIE.
ICH SEHNE MICH AUCH DANACH, ...

ALL DAS IST AUF DER ERDE SELBSTVERSTÄNDLICH.
ABER HIER OBEN AUF DER RAUMSTATION UNMÖGLICH.
DIE ERDE IST EBEN DOCH DAS SCHÖNSTE ZUHAUSE. WOBEI MIR DAS LEBEN AUF DER ISS NACH MEINER RÜCK-KEHR BESTIMMT AUCH SEHR FEHLEN WIRD.
OH! GLEICH HABE ICH EINEN VIDEOCALL!
ICH MUSS MICH VOR-BEREITEN.

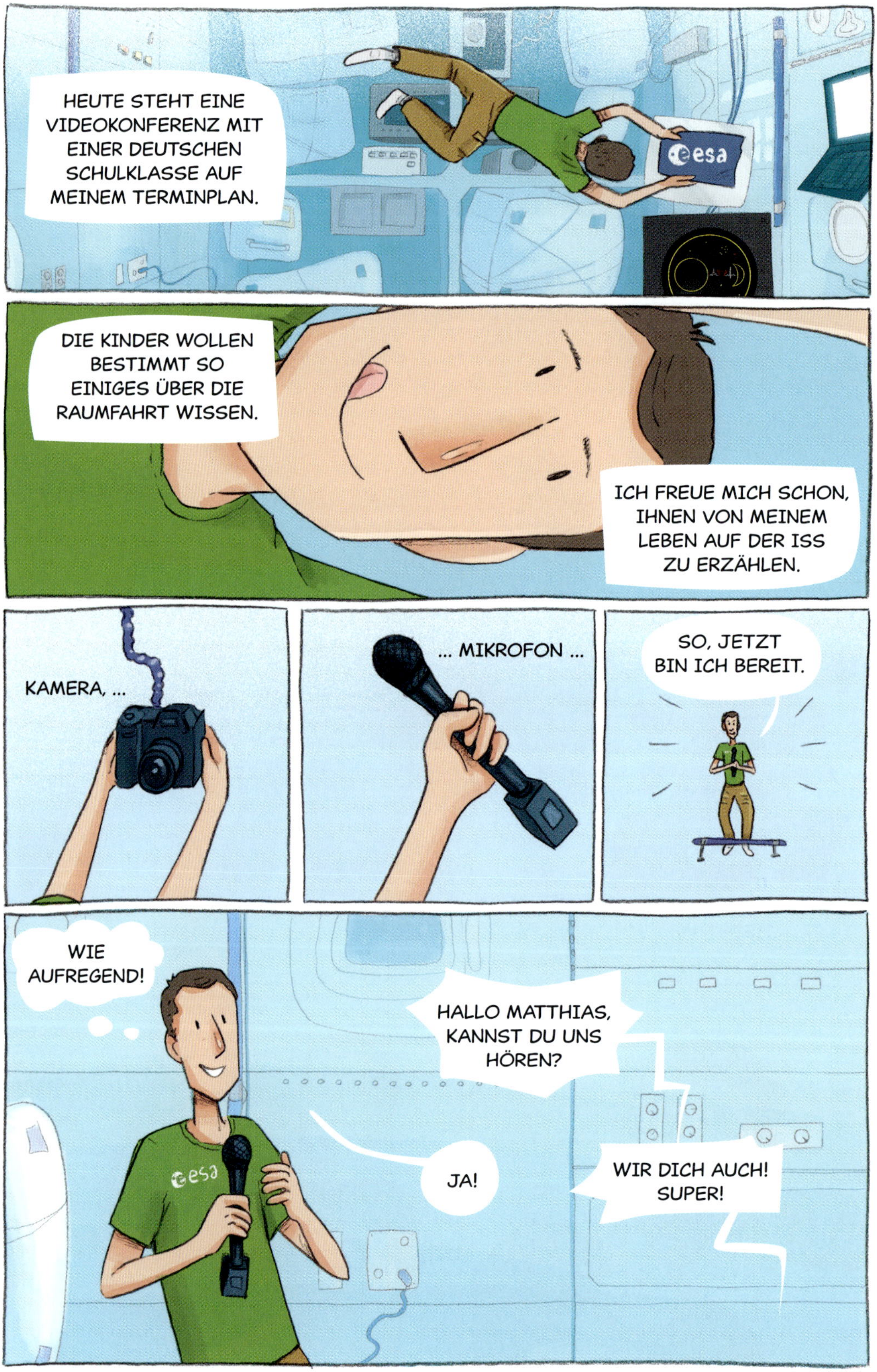
HEUTE STEHT EINE VIDEOKONFERENZ MIT EINER DEUTSCHEN SCHULKLASSE AUF MEINEM TERMINPLAN.
DIE KINDER WOLLEN BESTIMMT SO EINIGES ÜBER DIE RAUMFAHRT WISSEN.
ICH FREUE MICH SCHON, IHNEN VON MEINEM LEBEN AUF DER ISS ZU ERZÄHLEN.
KAMERA, ...
... MIKROFON ...
SO, JETZT BIN ICH BEREIT.
WIE AUFREGEND!
HALLO MATTHIAS, KANNST DU UNS HÖREN?
JA!
WIR DICH AUCH! SUPER!

HALLO MATTHIAS!!
WIR HABEN JEDE MENGE FRAGEN, ALSO LEGEN WIR AM BESTEN SOFORT LOS.
HALLO MATTHIAS, ICH BIN LAURA.
WIE DUSCHT IHR EUCH AUF DER ISS? IN DER SCHWERELOSIGKEIT ...
HALLO LAURA! AUF DER ISS GIBT ES GAR KEINE DUSCHE. WIR RUBBELN UNS MIT FEUCHTEN TÜCHERN AB. UND DIE HAARE WASCHEN WIR MIT ETWAS WASSER AUS DIESEM BEUTEL.
ICH NENNE DAS EINE KATZENWÄSCHE ...
FÜR DIE KÖRPER-HYGIENE STEHEN MIR PRO TAG NUR 250 MILLILITER WASSER ZUR VERFÜGUNG. SO VIEL WIE IN EINE KLEINE FLASCHE PASST.
UND DAS REICHT AUCH, EIGENTLICH.

GIBT ES TAG UND NACHT AUF DER ISS? WANN IST ES DUNKEL UND WANN IST ES HELL?
DIE ISS FLIEGT SEHR SCHNELL UM DIE ERDE – SIE BRAUCHT DAFÜR NUR 90 MINUTEN. DAHER SEHEN WIR DIE SONNE IN 24 STUNDEN JEWEILS 16-MAL AUF- UND UNTERGEHEN.
WÜRDEN WIR NACH DIESEM RHYTHMUS LEBEN, WÄREN UNSERE TAGE UND NÄCHTE SEHR KURZ. DESHALB RICHTEN WIR UNS NACH DER WELTZEIT – DIE ENTSPRICHT DER UHRZEIT IN LONDON.
WIR SCHALTEN DIE LICHTER MEIST UM 6 UHR AN UND UM 22 UHR WIEDER AUS.
HALLO HERR MAURER! ICH BIN JAKOB UND ICH MÖCHTE WISSEN, WAS ASTRONAUTEN MACHEN, WENN SIE ZAHN-SCHMERZEN HABEN.
GUTE FRAGE, JAKOB!
EINEN ZAHNARZT GIBT ES IM WELTALL NICHT. NOT-FALLS MÜSSEN WIR UNS DIE ZÄHNE GEGENSEITIG ZIEHEN.
WIE DAS FUNKTIONIERT, HABEN WIR IM TRAINING GELERNT.
IIIIIIH!
AUA!
EKLIG!

MEIN PAPA SAGT IMMER, ER SCHIESST MICH AUF DEN MOND.
HA HA HA!
PSSST!
WERDEN MENSCHEN DA IRGENDWANN LEBEN KÖNNEN?
ZUERST MÜSSEN DIE MENSCHEN WIEDER ZUM MOND FLIEGEN. DARAN ARBEITEN WIR GERADE!
UNSER ZIEL IST ES, NICHT NUR FÜR EIN PAAR TAGE, SONDERN FÜR LÄNGERE ZEIT DORT ZU BLEIBEN. WIR PLANEN SOGAR, EINE STATION AUF DEM MOND ZU BAUEN.
DAZU MÜSSEN WIR ABER NOCH VIEL NEUE TECHNIK ENTWICKELN. BIS ES SO WEIT IST, WIRD ES ALSO NOCH EINE WEILE DAUERN.
VIELEN DANK, MATTHIAS!
DAS WAR SEHR SPANNEND!
DANKE FÜR DIE TOLLEN FRAGEN!
ES MACHT IMMER SPASS, MIT KINDERN ZU SPRECHEN.
SIE SIND DIE GRÖSSTEN WELTRAUM-FANS ...

Dienstag, 1. MÄRZ 2022
INTERNATIONALE RAUMSTATION
Die schönste Nachricht der Welt
ALS ICH HEUTE NACH DEM HAAREWASCHEN ...
IN MEINE CASA SCHWEBE, ...
... WARTET EINE ÜBERRASCHUNG AUF MICH.
MHM ...
NEUE E-MAIL
ÖFFNEN

NEUE E-MAIL
VON: ESA
AN: MATTHIAS MAURER
BETREFF: AUSSENBORDEINSATZ
LIEBER HERR MAURER,
AN DER AUSSENSEITE DER ISS GIBT ES EINIGE WARTUNGSARBEITEN ZU ERLEDIGEN. DAHER HABEN WIR FÜR DEN 23. MÄRZ 2022 EINEN BESONDEREN AUSSENBORDEINSATZ GEPLANT. DIESEN DÜRFEN SIE GEMEINSAM MIT IHREM KOLLEGEN RAJA CHARI ÜBERNEHMEN. WIR WERDEN IHNEN DIE AUFGABENLISTE SOWIE WEITERE INFORMATIONEN ZUKOMMEN LASSEN. BITTE BEREITEN SIE SICH GRÜNDLICH AUF DIE MISSION VOR.
MIT FREUNDLICHEN GRÜSSEN
ANTWORTEN
WEITERLEITEN
JUHU! ICH DARF HINAUS INS FREIE WELTALL GLEITEN! DAVON HABE ICH SCHON IMMER GETRÄUMT!
ICH WERDE IN EINEM RAUMANZUG UM DIE STATION FLIEGEN!
BESSER HÄTTE ES KAUM KOMMEN KÖNNEN!
LEUTEEEEE!
RAJA!!
HAST DU DIE E-MAIL GESEHEN?
WIR DÜRFEN ZU EINEM AUSSENBORDEINSATZ AUFBRECHEN!
WOAAAAH

LOGBUCH, ISS #NR. 3
MATTHIAS MAURER
SAMSTAG, 19. MÄRZ 2022

DIE WILDESTE PARTY ALLER ZEITEN!

Gestern hatte ich Geburtstag, aber zum Feiern blieb keine Zeit. Wir waren viel zu beschäftigt damit, die neue Crew zu begrüßen. Die Kosmonauten Denis, Oleg und Sergej sind mit ihrer Sojus-Kapsel angedockt. Wir haben sie durch die ISS geführt, ihnen die Cupola gezeigt und erklärt, wie die Toilette funktioniert.

An die Schwerelosigkeit müssen sich die Neuankömmlinge erst noch gewöhnen. Sie schweben noch etwas unbeholfen, fliegen öfter irgendwo dagegen – wie wir damals. Es ist lustig, ihnen zuzuschauen.

Heute hatten wir frei und konnten meinen Geburtstag nachfeiern. Da wir jetzt so viele Leute auf der Raumstation sind, war es eine richtig große Party.

Zuerst habe ich alle zum Abendessen in Knoten 1 eingeladen. Meine Mitbewohner haben Geburtstagslieder für mich gesungen und mir kleine Geschenke gegeben. Ich war sehr gerührt.

Anschließend schwebten wir rüber ins Columbus-Modul. Wir haben die Lichter des Gewächshauses auf Party-Modus umprogrammiert und die Musik laut aufgedreht. Kayla war unser DJ.

In der Schwerelosigkeit macht das Tanzen besonders viel Spaß, weil wilde akrobatische Kunststücke möglich sind. Am besten gefällt mir die »Purzelbaumartige Rotation«. Hierfür rolle ich mich zu einer Kugel zusammen, und jemand (meistens Kayla) dreht mich um meine eigene Achse, immer schneller und schneller.

Bei meiner Geburtstagsparty haben wir so wild getanzt, dass die ISS anfing zu wackeln. Ihre Überwachungssensoren haben im Kontrollzentrum in Houston Alarm ausgelöst. Unsere Kollegen haben uns angefunkt und gefragt, ob alles okay sei. Sie hätten »unerklärliche Schwingungen« der Raumstation gemessen. Upps ...

Was für eine galaktische Fete! Ich wünschte, wir könnten noch häufiger zusammen feiern. Aber leider müssen wir uns bald von Anton, Pjotr und Mark verabschieden. Ihre Mission ist zu Ende ...

Lieber Matthias.

es war eine tolle Zeit mit Dir auf der ISS. Ich werde Dich vermissen!

Liebe Grüße.
Anton

Schau mal in Deine Essensbox! Ich habe Dir noch eine Portion Tworog übrig gelassen. Lass ihn Dir schmecken!

Pjotr

Ich hoffe, wir sehen uns bald wieder! Du bist herzlich eingeladen, mich in den USA zu besuchen!

Dein Mark

Mittwoch, 23. MÄRZ 2022
INTERNATIONALE RAUMSTATION
Weltraumspaziergang
SEIT WOCHEN FIEBERE ICH DIESEM TAG ENTGEGEN, ...
... DEM HÖHEPUNKT MEINER ASTRONAUTENKARRIERE: MEINEM AUSSENBORDEINSATZ.

WIR HABEN UNS INTENSIV DARAUF VORBEREITET. VOR ALLEM MUSSTEN WIR UNSERE RAUM- ANZÜGE STARTKLAR MACHEN: WIR HABEN DAS TRINKWASSER AUFGEFÜLLT, DIE HELMKAMERAS BEFESTIGT UND DIE BATTERIEN GELADEN.
JETZT SIND WIR FAST BEREIT! DIE LETZTEN CHECKS BEGINNEN!

TOM UND KAYLA KONTROLLIEREN, OB UNSERE HELME FEST VERSCHLOSSEN SIND UND DIE HANDSCHUHE RICHTIG SITZEN. OHNE TEAMARBEIT WÄRE EIN AUSSENBORDEINSATZ UNMÖGLICH.
AUCH UNSERE KOLLEGEN IM KONTROLLZENTRUM IN HOUSTON UNTERSTÜTZEN UNS. SIE BEOBACHTEN UNS ÜBER KAMERAS UND GEBEN WICHTIGE TIPPS.
DIE RAUMSTATION VERLASSEN WIR NIEMALS ALLEINE. WIR MÜSSEN IMMER ZU ZWEIT SEIN. HEUTE IST RAJA MEIN PARTNER.

DER RAUMANZUG

INNEN | AUßEN

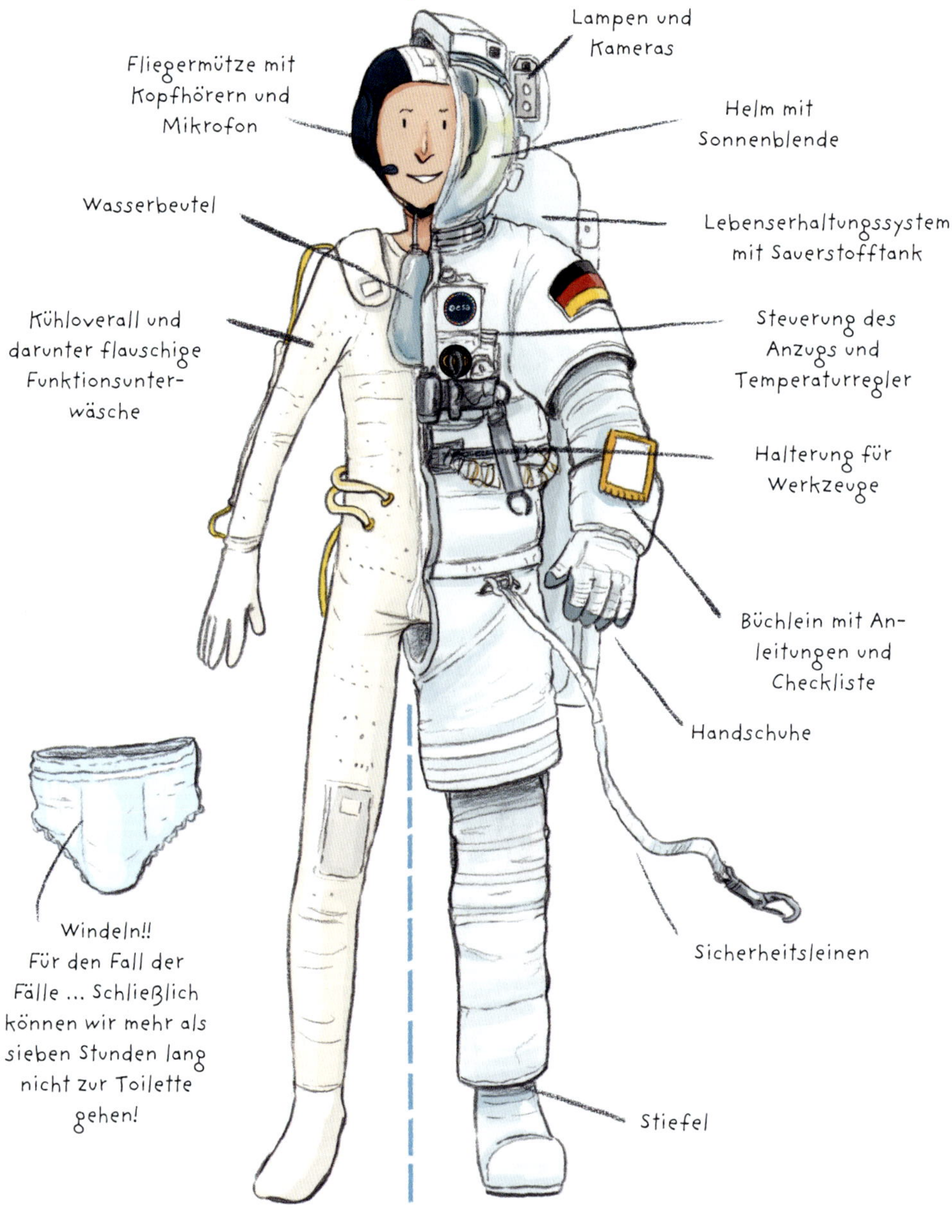

Der Raumanzug ist wie ein **Mini-Raumschiff.** Er hält alles bereit, was wir zum Überleben im freien Weltall brauchen.

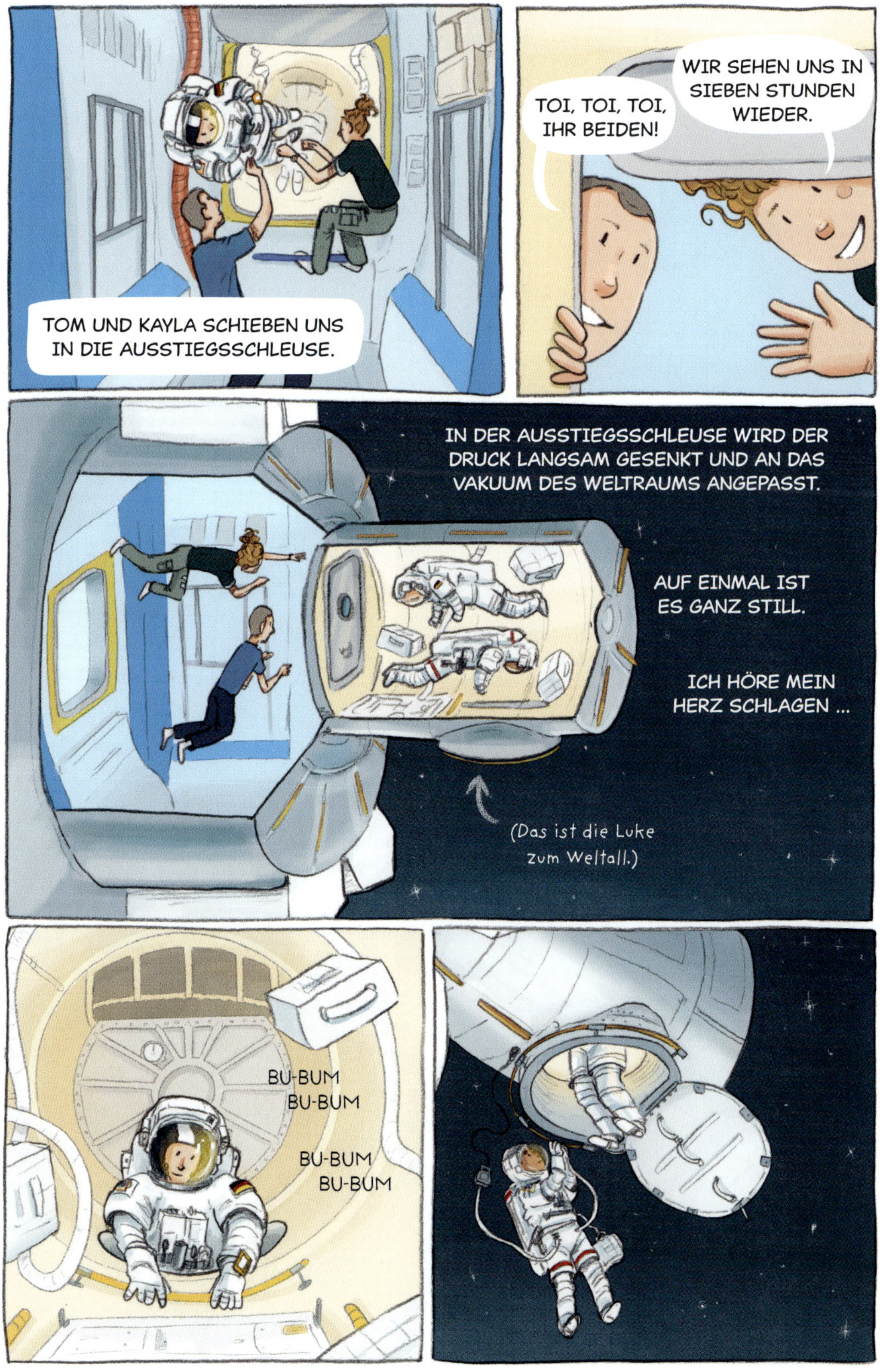
TOM UND KAYLA SCHIEBEN UNS IN DIE AUSSTIEGSSCHLEUSE.
TOI, TOI, TOI, IHR BEIDEN!
WIR SEHEN UNS IN SIEBEN STUNDEN WIEDER.
IN DER AUSSTIEGSSCHLEUSE WIRD DER DRUCK LANGSAM GESENKT UND AN DAS VAKUUM DES WELTRAUMS ANGEPASST.
AUF EINMAL IST ES GANZ STILL.
ICH HÖRE MEIN HERZ SCHLAGEN …
(Das ist die Luke zum Weltall.)
BU-BUM
BU-BUM
BU-BUM
BU-BUM

JETZT BLOSS NICHT RUNTERSCHAUEN ... ERST EINMAL DIE LEINEN FESTMACHEN ...
HOUSTON, SICHERHEITS-LEINE FEST INSTALLIERT!
NOCH TRAUE ICH MICH NICHT, AUF DIE ERDE ZU BLICKEN. DENN ANDERE ASTRONAUTEN HABEN MIR ERZÄHLT, SIE HATTEN DABEI DAS GEFÜHL, HINABZUSTÜRZEN.
DIESEN SCHRECK WILL ICH MIR ERSPAREN. ICH KONZENTRIERE MICH AUF DIE SICHERHEITSCHECKS.
NACHDEM WIR UNSERE ANZÜGE GEPRÜFT HABEN, ERTEILT UNS DAS KONTROLLZENTRUM DIE FREIGABE.
IHR KÖNNT MIT EURER ARBEIT BEGINNEN!

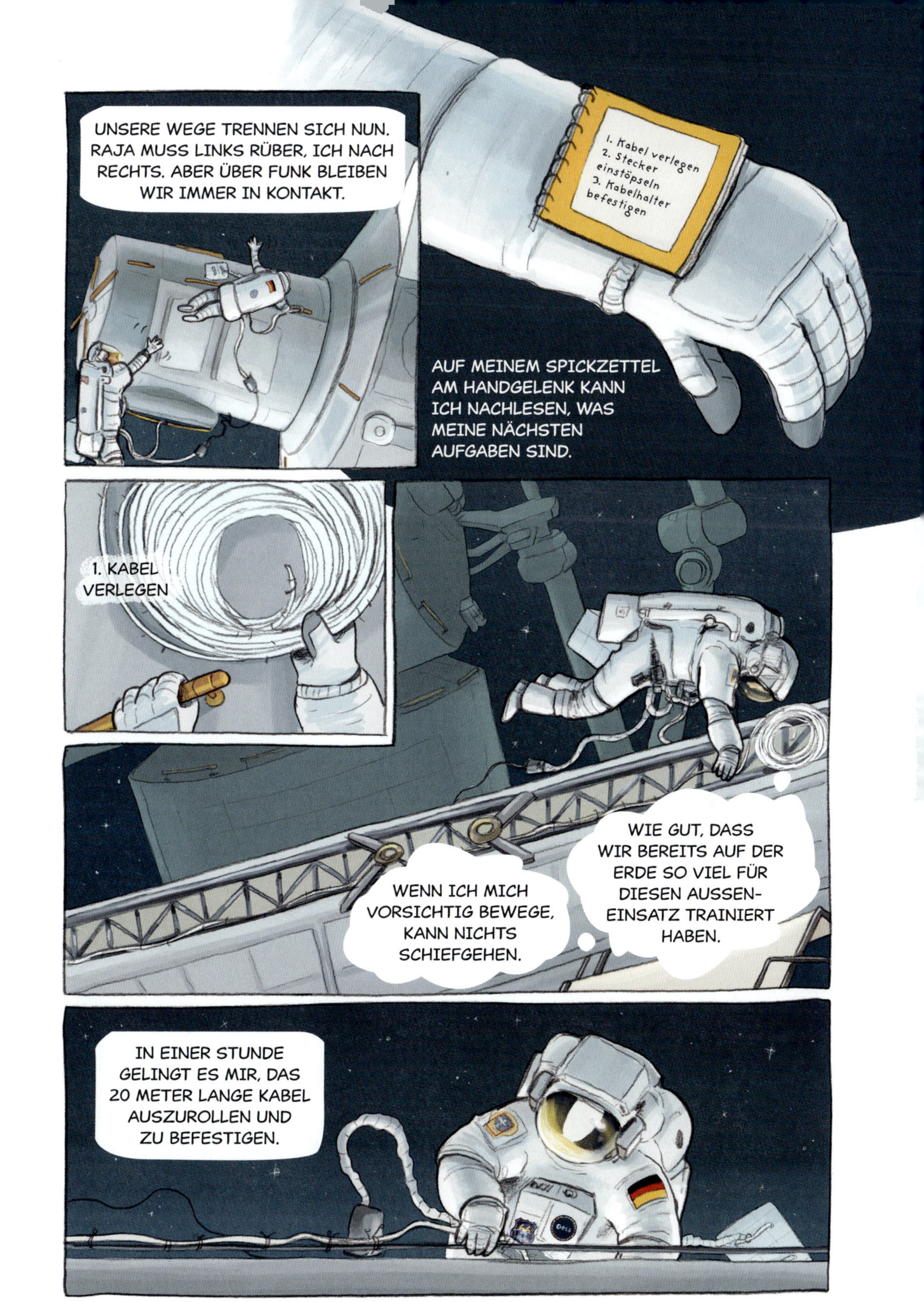
UNSERE WEGE TRENNEN SICH NUN. RAJA MUSS LINKS RÜBER, ICH NACH RECHTS. ABER ÜBER FUNK BLEIBEN WIR IMMER IN KONTAKT.
1. Kabel verlegen
2. Stecker einstöpseln
3. Kabelhalter befestigen
AUF MEINEM SPICKZETTEL AM HANDGELENK KANN ICH NACHLESEN, WAS MEINE NÄCHSTEN AUFGABEN SIND.
1. KABEL VERLEGEN
WENN ICH MICH VORSICHTIG BEWEGE, KANN NICHTS SCHIEFGEHEN.
WIE GUT, DASS WIR BEREITS AUF DER ERDE SO VIEL FÜR DIESEN AUSSEN-EINSATZ TRAINIERT HABEN.
IN EINER STUNDE GELINGT ES MIR, DAS 20 METER LANGE KABEL AUSZUROLLEN UND ZU BEFESTIGEN.

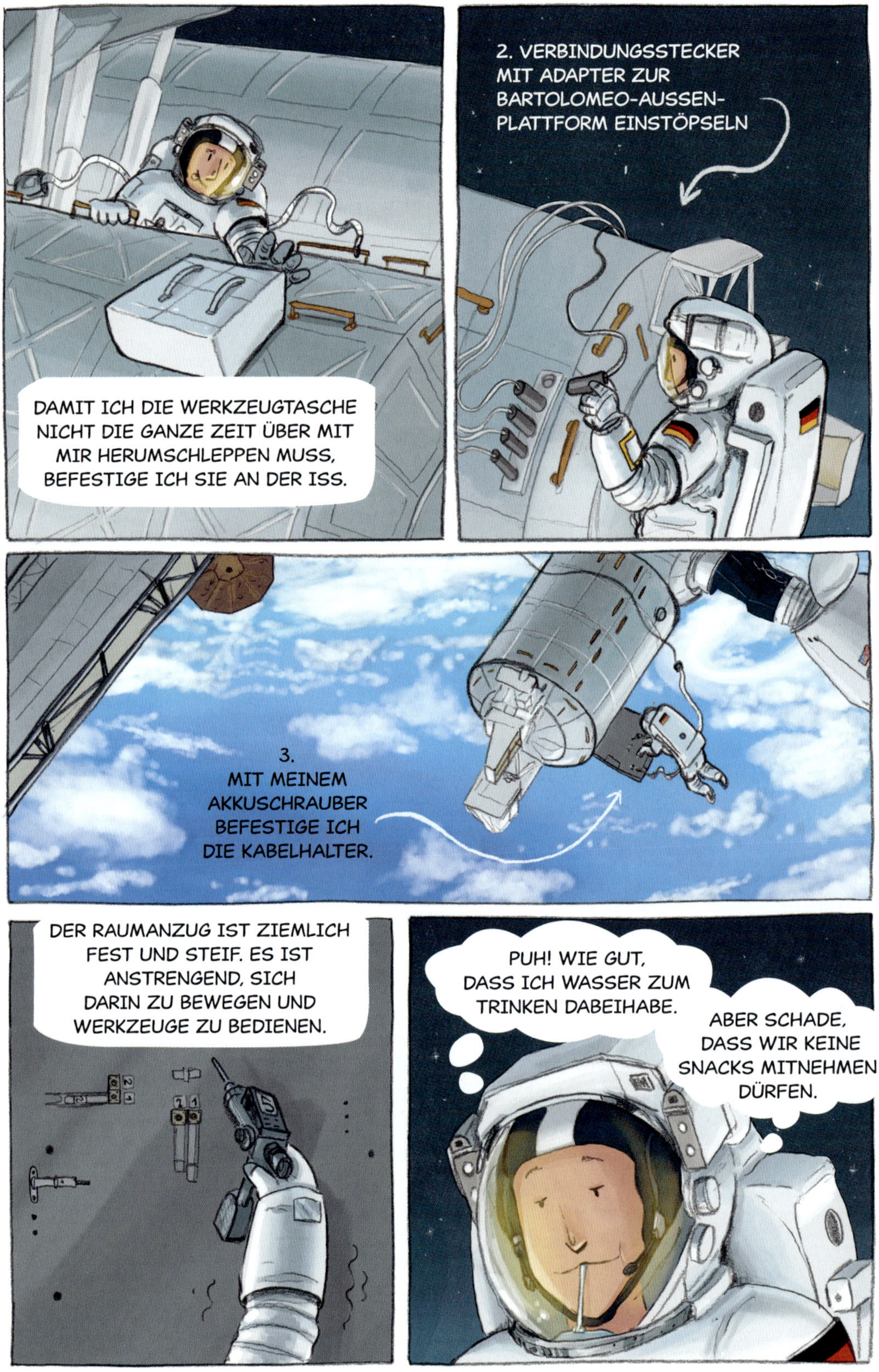
DAMIT ICH DIE WERKZEUGTASCHE NICHT DIE GANZE ZEIT ÜBER MIT MIR HERUMSCHLEPPEN MUSS, BEFESTIGE ICH SIE AN DER ISS.
2. VERBINDUNGSSTECKER MIT ADAPTER ZUR BARTOLOMEO-AUSSEN-PLATTFORM EINSTÖPSELN
3. MIT MEINEM AKKUSCHRAUBER BEFESTIGE ICH DIE KABELHALTER.
DER RAUMANZUG IST ZIEMLICH FEST UND STEIF. ES IST ANSTRENGEND, SICH DARIN ZU BEWEGEN UND WERKZEUGE ZU BEDIENEN.
PUH! WIE GUT, DASS ICH WASSER ZUM TRINKEN DABEIHABE.
ABER SCHADE, DASS WIR KEINE SNACKS MITNEHMEN DÜRFEN.

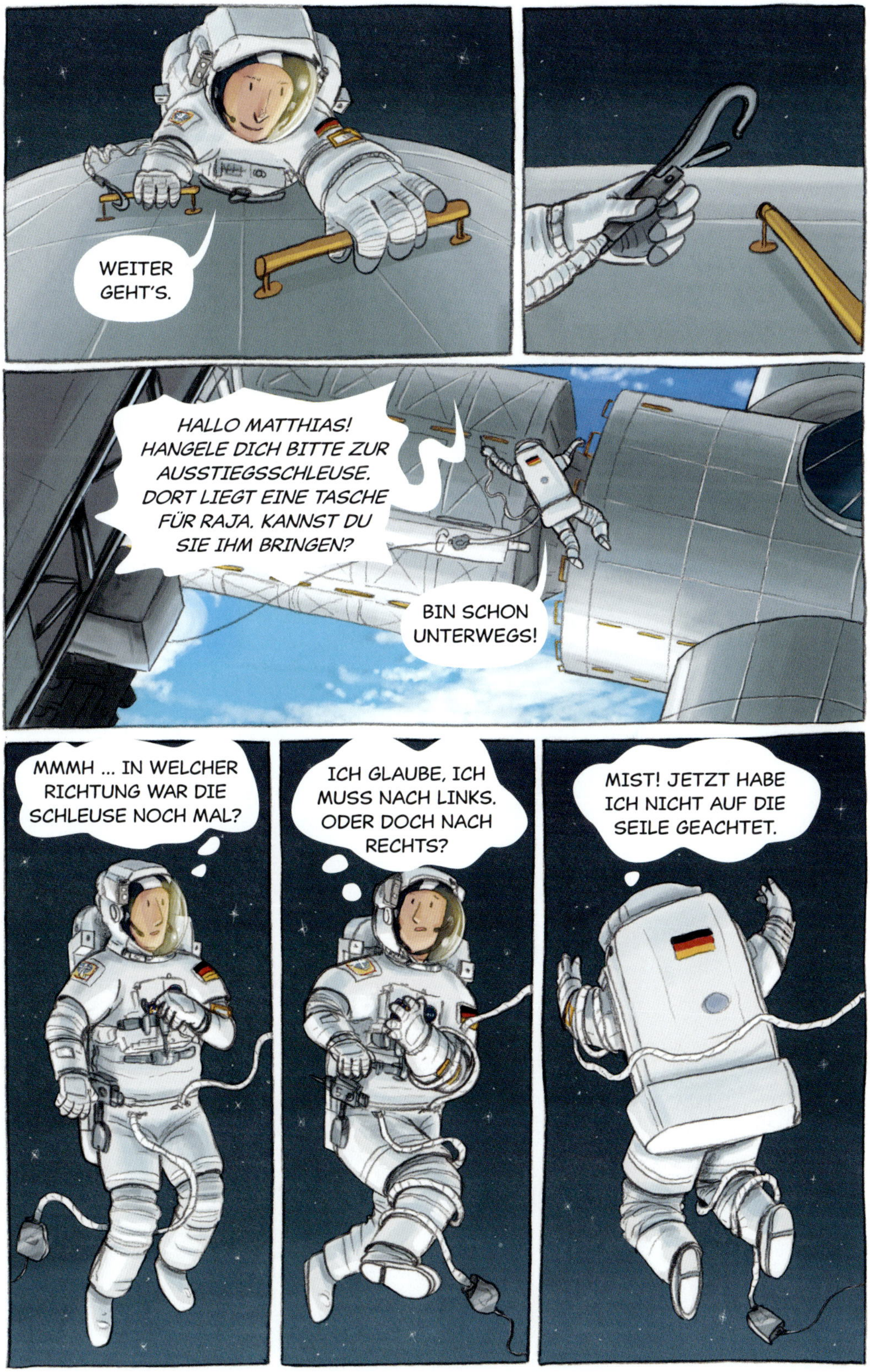
WEITER GEHT'S.
HALLO MATTHIAS! HANGELE DICH BITTE ZUR AUSSTIEGSSCHLEUSE. DORT LIEGT EINE TASCHE FÜR RAJA. KANNST DU SIE IHM BRINGEN?
BIN SCHON UNTERWEGS!
MMMH ... IN WELCHER RICHTUNG WAR DIE SCHLEUSE NOCH MAL?
ICH GLAUBE, ICH MUSS NACH LINKS. ODER DOCH NACH RECHTS?
MIST! JETZT HABE ICH NICHT AUF DIE SEILE GEACHTET.

AAAAAH!
HOUSTON, ICH HABE EIN PROBLEM! DIE SICHERHEITS-LEINEN HABEN SICH UM MICH GEWICKELT.
ICH BRAUCHE HILFE!
NICHT BEWEGEN, MATTHIAS! BLEIB GANZ RUHIG!
WIR SEHEN DICH AUF UNSEREN BILDSCHIRMEN.
GIB UNS EINEN MOMENT. WIR ÜBERLEGEN, WIE DU DICH BEFREIEN KANNST.
...
OKAY, DU MUSST DICH ZWEIMAL RECHTSHERUM DREHEN.
SO?
GENAU.

JETZT NOCH EINE VIERTELDREHUNG NACH LINKS, DANN EINE HALBE NACH RECHTS.
EIN KLEINES STÜCKCHEN NACH VORNE LEHNEN ...
... UND WIEDER EINE VIERTELDREHUNG NACH LINKS.
HALT, NEIN!
IN DIE ANDERE RICHTUNG!
JETZT MUSST DU NUR NOCH DEN ARM AUS DER SCHLINGE ZIEHEN.
SO! DAS WAR'S! DU BIST WIEDER FREI!
WOW, VIELEN DANK FÜR DIESE FREIWICKEL-CHOREOGRAFIE!
ICH WUSSTE, ICH KANN MICH AUF EUCH VERLASSEN.
GUTER JOB, MATTHIAS! GÖNN DIR EINE KURZE PAUSE, BEVOR DU WEITERMACHST.
PRIMA! VIELLEICHT KANN ICH MIR JETZT DIE ERDE ANSCHAUEN.
SEIT ICH HIER DRAUSSEN BIN, HABE ICH MICH DAS NOCH NICHT GETRAUT ...

Wow! Ich habe nicht das Gefühl zu fallen, sondern wie ein Vogel zu fliegen.
Plötzlich bin ich eins mit dem Weltraum. Ein kleines Raumschiff zwischen den Sternen.

WOOOAH
DAS IST WIRKLICH ATEMBERAUBEND ...
... AUF DIESER BLAUEN KUGEL, MITTEN IM NICHTS, LEBT DIE GESAMTE MENSCHHEIT.

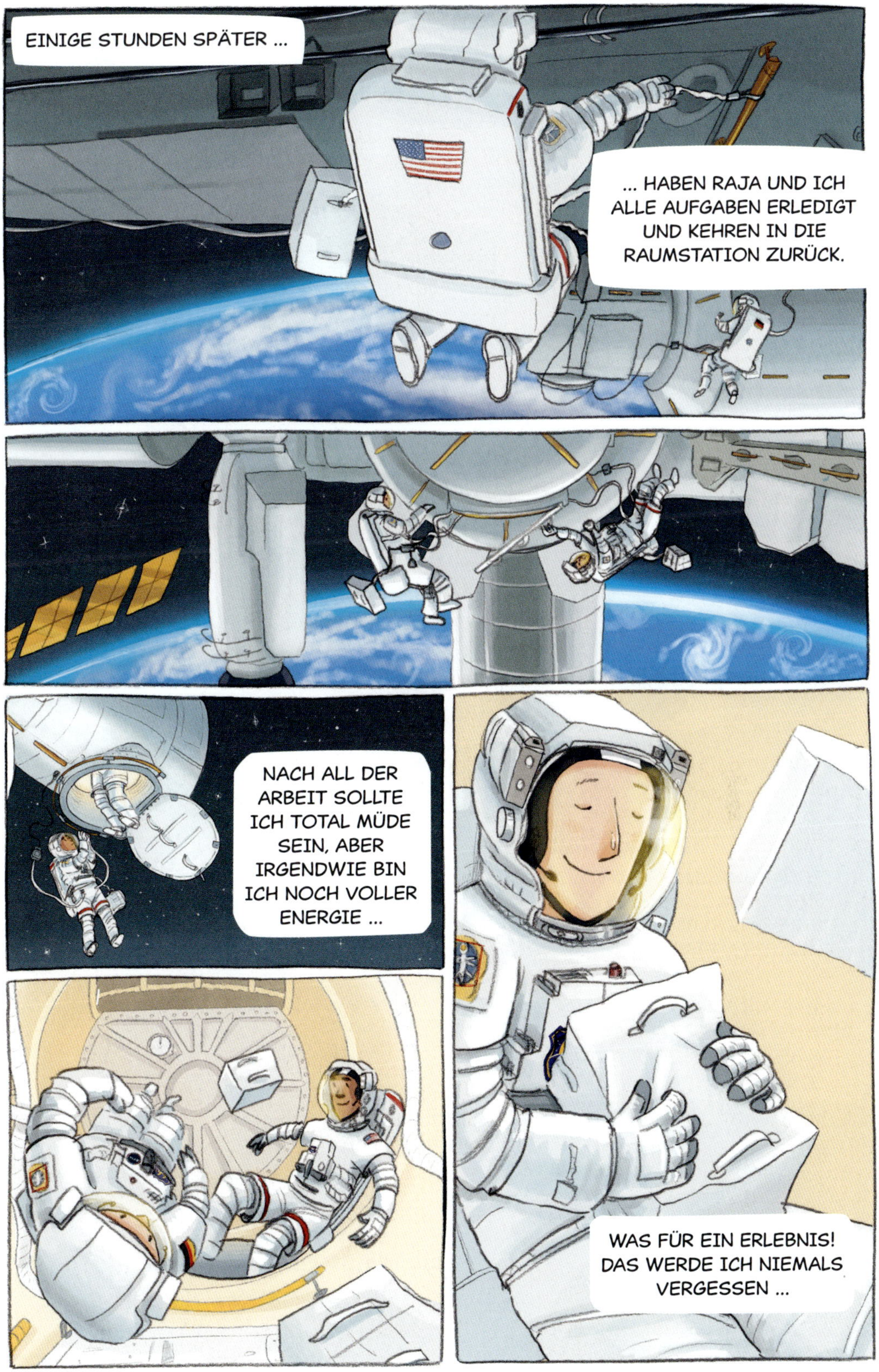
EINIGE STUNDEN SPÄTER ...
... HABEN RAJA UND ICH ALLE AUFGABEN ERLEDIGT UND KEHREN IN DIE RAUMSTATION ZURÜCK.
NACH ALL DER ARBEIT SOLLTE ICH TOTAL MÜDE SEIN, ABER IRGENDWIE BIN ICH NOCH VOLLER ENERGIE ...
WAS FÜR EIN ERLEBNIS! DAS WERDE ICH NIEMALS VERGESSEN ...

Dienstag, 3. Mai 2022
INTERNATIONALE RAUMSTATION
Abschiedstour
ICH WAR GERADE IM SWESDA-MODUL, UM OLEG, DENIS UND SERGEJ ZU BESUCHEN. DIE DREI HABEN SICH SUPER EINGELEBT.
SIE SIND WÜRDIGE NACHFOLGER FÜR MARK, ANTON UND PJOTR, DIE DIE ISS ENDE MÄRZ VERLASSEN HABEN.
WIR VERMISSEN SIE!
ABER BEI DER VERABSCHIEDUNG HABEN WIR UNS VERSPROCHEN, DASS WIR UNS AUF DER ERDE WIEDER TREFFEN WERDEN.
LEIDER NEIGT SICH AUCH MEINE ZEIT IM ALL LANGSAM DEM ENDE ZU. CREW-3 WIRD BALD DIE HEIMREISE ANTRETEN.
UNSERE ABLÖSUNG, CREW-4, IST BEREITS AUF DER RAUMSTATION ANGEKOMMEN. SIE BESTEHT AUS VIER ASTRONAUTEN.
EINE VON IHNEN IST SAMANTHA CRISTOFORETTI. EINE GUTE FREUNDIN, DIE WIE ICH FÜR DIE ESA ARBEITET.

HI MATTHIAS! LUST AUF EINEN TEE?
GERNE!
UND, FREUST DU DICH AUF ZUHAUSE?
SICHER! TROTZDEM WÜRDE ICH LIEBER NOCH ETWAS LÄNGER HIER BLEIBEN. DER GEDANKE, DASS ICH DIE ISS VIELLEICHT NIE MEHR WIEDERSEHEN WERDE, MACHT MICH TRAURIG.
DAS KANN ICH VERSTEHEN. ABER AN DAS ABENTEUER HIER OBEN WIRST DU DICH IMMER ERINNERN.
AUSSERDEM MUSST DU JETZT NACH VORNE SCHAUEN: DU WIRST SICHER EINE ZWEITE MISSION ERHALTEN.
VIELLEICHT FÜHRT DICH DIESE NOCH WEITER HINAUS INS WELTALL!

HAST DU SCHON EINE ABSCHIEDS-TOUR DURCH DIE ISS UNTER-NOMMEN?
VIEL ZEIT BLEIBT DIR DAFÜR NICHT MEHR!
GUTE IDEE! ICH FLIEGE DIREKT LOS! BIS SPÄTER!
MARK FOOD
RAJA FOOD
LANGSAM SCHWEBE ICH DURCH DIE MODULE ...
... UND VERSUCHE, MIR DABEI JEDES DETAIL GENAU EINZUPRÄGEN.
IN DEN VERGANGENEN MONATEN IST DIE RAUMSTATION ZU MEINEM ZWEITEN ZUHAUSE GEWORDEN ...

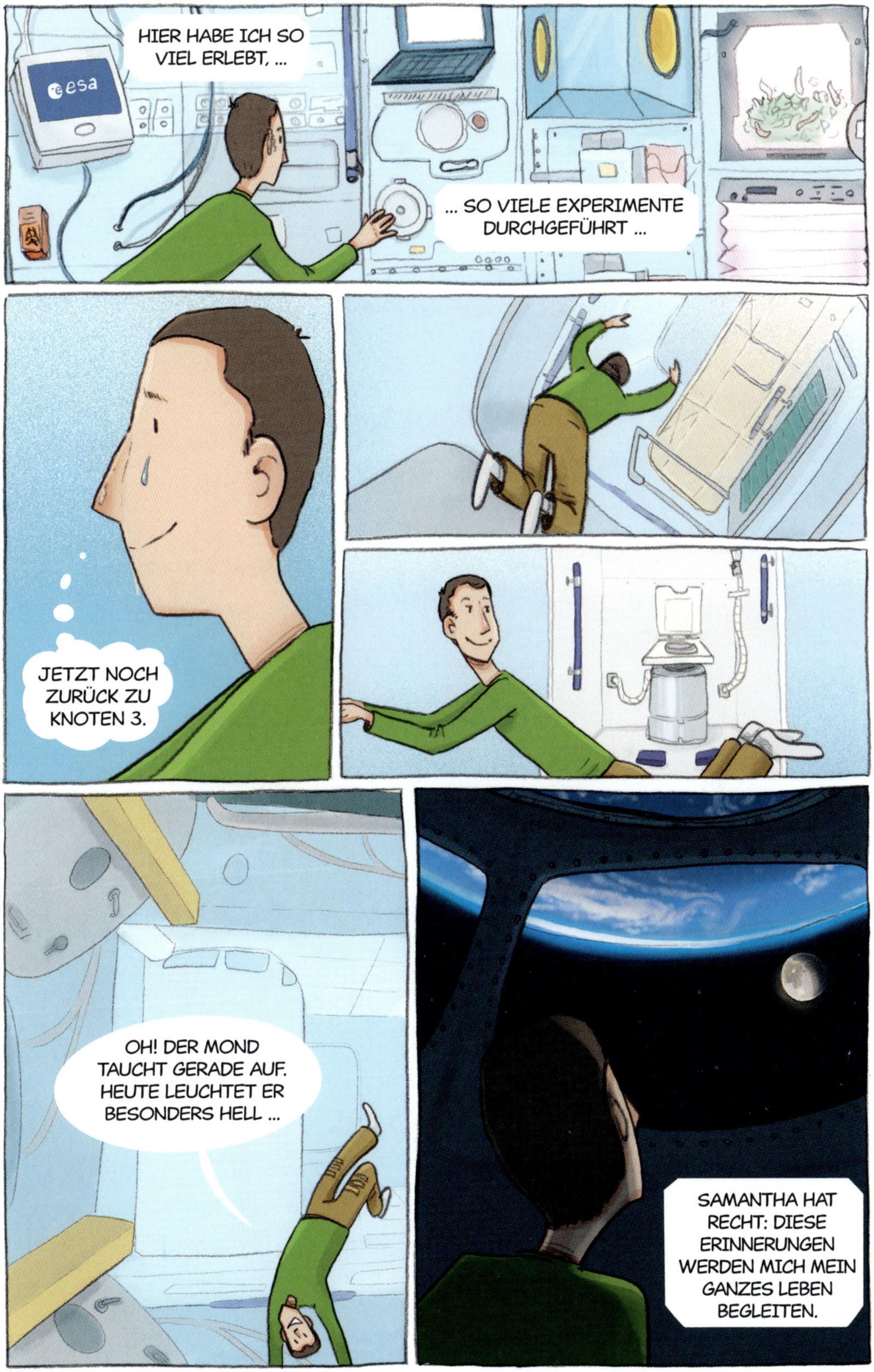

HIER HABE ICH SO VIEL ERLEBT, ...
... SO VIELE EXPERIMENTE DURCHGEFÜHRT ...
JETZT NOCH ZURÜCK ZU KNOTEN 3.
OH! DER MOND TAUCHT GERADE AUF. HEUTE LEUCHTET ER BESONDERS HELL ...
SAMANTHA HAT RECHT: DIESE ERINNERUNGEN WERDEN MICH MEIN GANZES LEBEN BEGLEITEN.

LOGBUCH, ISS #NR. 4
MATTHIAS MAURER
MITTWOCH, 4. MAI 2022

VOR DER ABREISE

Ich kann es kaum glauben: Morgen fliegen wir zurück zur Erde! Ich habe schon alles gepackt und sollte jetzt schlafen gehen, aber ich bin überhaupt nicht müde.

Gerade eben haben wir unsere Abschiedszeremonie gefeiert. Tom, der in den vergangenen Wochen der Kommandant der Raumstation war, hat diese Aufgabe an Oleg übergeben. Symbolisch hat er seinem Nachfolger dafür den Schlüssel überreicht, mit dem wir die Luke der ISS aufsperren, um neu eingetroffene Raumfahrer reinzulassen.

Oleg hat sich darüber sehr gefreut. Er ist ein erfahrener Kosmonaut und die ISS wird bei ihm in guten Händen sein.

Die Zeremonie wurde live im Internet übertragen. Menschen auf der ganzen Welt konnten dabei zusehen. Tom hat die Gelegenheit genutzt und sich stellvertretend für die Crew-3 bei allen bedankt, die unsere Mission möglich gemacht haben – bei Familie und Freunden, bei Ausbildern, Ärzten, Ingenieuren und den Kollegen im Kontrollzentrum.

MEINE MISSION IN ZAHLEN:

- ICH HABE 175 TAGE AUF DER ISS GELEBT, ETWA 4200 STUNDEN
- IN DIESER ZEIT HABE ICH DIE ERDE 2800-MAL UMRUNDET
- SIEBEN STUNDEN DURFTE ICH IM FREIEN ALL VERBRINGEN
- ICH HABE MEHR ALS 100 SPANNENDE EXPERIMENTE DURCHGEFÜHRT
- INSGESAMT HABEN WIR MEHR ALS 100000 FOTOS AUFGENOMMEN

MEINE HEIMAT AUS DEM WELTRAUM
(Wenn ich stark reinzoome, erkenne ich sogar mein Elternhaus in Oberthal-Gronig!)

Schade, dass ich nun schon wieder die Heimreise antreten muss. Aber ich freue mich auf den wilden Rückflug. Außerdem kann ich es kaum erwarten, endlich meine Familie und Freunde zu sehen. Die werden mächtig staunen, wenn ich ihnen von all den Erlebnissen berichte. Ob meine nächste Weltraummission auch so toll wird?

Nun sollte ich aber wirklich versuchen, etwas zu schlafen. Morgen werden wir früh aufbrechen!

Gute Nacht!

Wie schnell die fantastischen Monate im All doch vorbeigegangen sind!

Ich bin dankbar, dass ich in dieser Zeit mit meinen Freunden tolle Abenteuer erleben durfte. Jetzt weiß ich auch, dass diese Raumstation ein Ort des Friedens ist. Hier arbeiten Menschen aus unterschiedlichen Ländern und Kulturen zusammen, um Dinge zu entwickeln, die das irdische Leben besser machen.

Und hier funktioniert das, obwohl sich unsere Länder auf der Erde vielleicht gerade streiten – die sollten sich an uns ein Beispiel nehmen. Denn im Weltraum sind wir alle in erster Linie nur Menschen, die den gleichen Wunsch haben: die Geheimnisse des Universums zu entdecken. Dabei spielt es keine Rolle, aus welchem Land wir stammen, welche Sprache wir sprechen oder welche Hautfarbe wir haben.

Ich werde die Schwerelosigkeit vermissen!

Ich hoffe sehr, dass mich meine nächste Mission näher zum Mond bringen wird. Wie es sich wohl anfühlt, über ihn zu hüpfen?

Donnerstag, 5. Mai 2022
INTERNATIONALE RAUMSTATION
Auf Wiedersehen!
WIR DRÜCKEN UNSERE MITBEWOHNER NOCH EINMAL GANZ FEST, ...
... DANACH SCHWEBEN WIR IN DIE DRAGON-KAPSEL.
esa
→ TO COL
TSCHÜSS!
HABT EINEN SCHÖNEN RÜCKFLUG ZUR ERDE!
GUTE REISE!

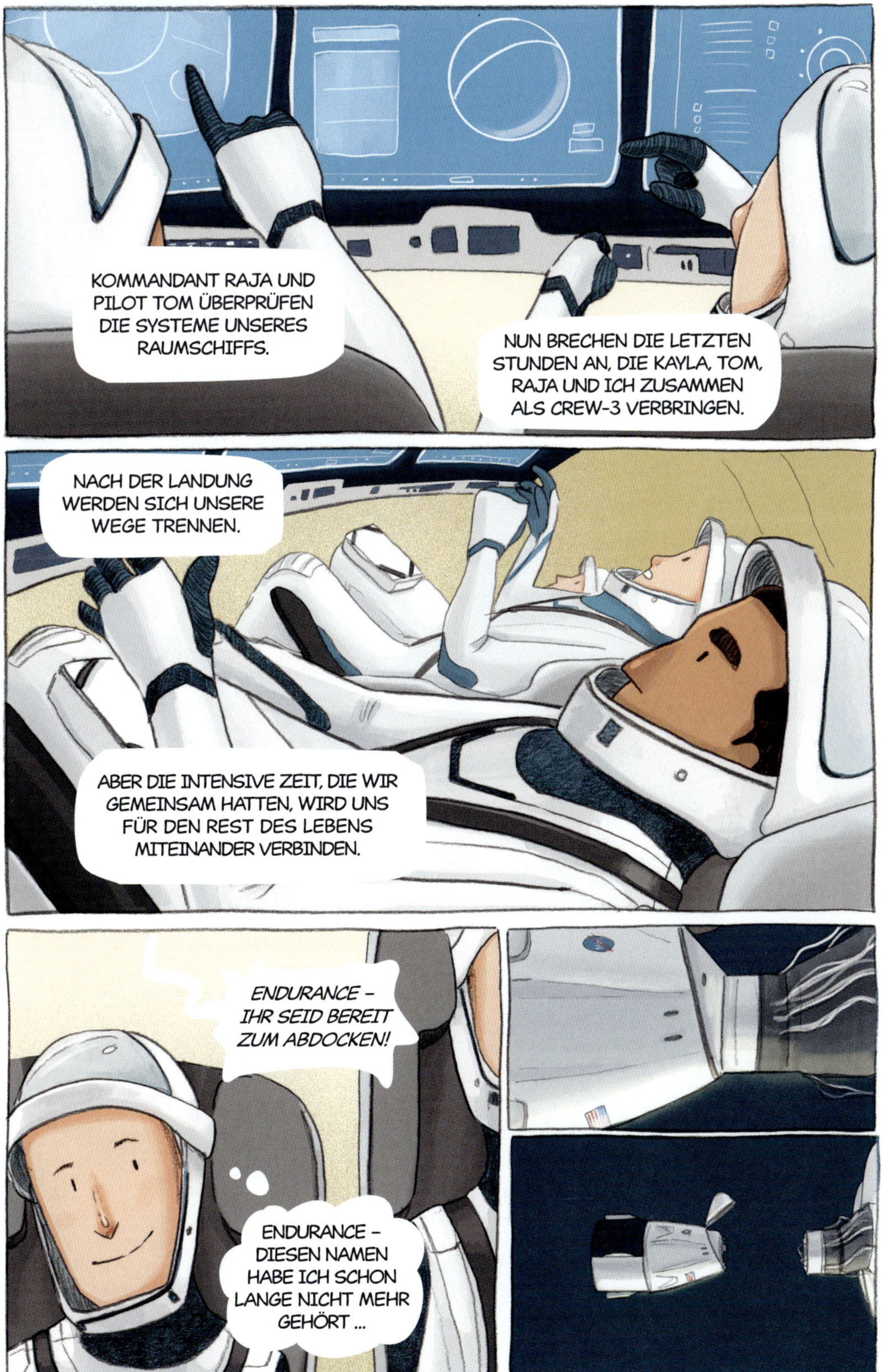
KOMMANDANT RAJA UND PILOT TOM ÜBERPRÜFEN DIE SYSTEME UNSERES RAUMSCHIFFS.
NUN BRECHEN DIE LETZTEN STUNDEN AN, DIE KAYLA, TOM, RAJA UND ICH ZUSAMMEN ALS CREW-3 VERBRINGEN.
NACH DER LANDUNG WERDEN SICH UNSERE WEGE TRENNEN.
ABER DIE INTENSIVE ZEIT, DIE WIR GEMEINSAM HATTEN, WIRD UNS FÜR DEN REST DES LEBENS MITEINANDER VERBINDEN.
ENDURANCE – IHR SEID BEREIT ZUM ABDOCKEN!
ENDURANCE – DIESEN NAMEN HABE ICH SCHON LANGE NICHT MEHR GEHÖRT ...

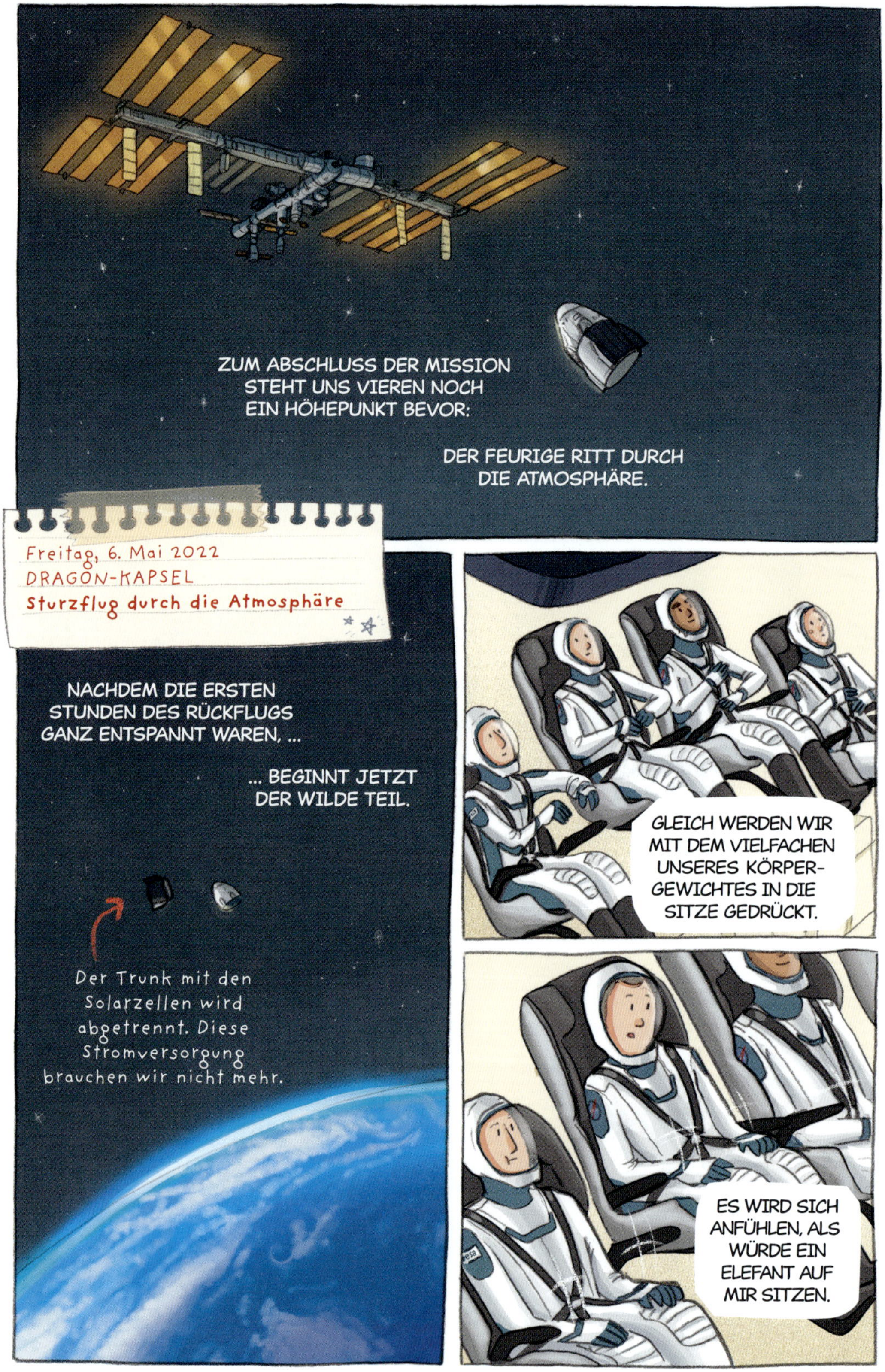

ZUM ABSCHLUSS DER MISSION STEHT UNS VIEREN NOCH EIN HÖHEPUNKT BEVOR:
DER FEURIGE RITT DURCH DIE ATMOSPHÄRE.
Freitag, 6. Mai 2022
DRAGON-KAPSEL
Sturzflug durch die Atmosphäre
NACHDEM DIE ERSTEN STUNDEN DES RÜCKFLUGS GANZ ENTSPANNT WAREN, ...
... BEGINNT JETZT DER WILDE TEIL.
Der Trunk mit den Solarzellen wird abgetrennt. Diese Stromversorgung brauchen wir nicht mehr.
GLEICH WERDEN WIR MIT DEM VIELFACHEN UNSERES KÖRPER-GEWICHTES IN DIE SITZE GEDRÜCKT.
ES WIRD SICH ANFÜHLEN, ALS WÜRDE EIN ELEFANT AUF MIR SITZEN.

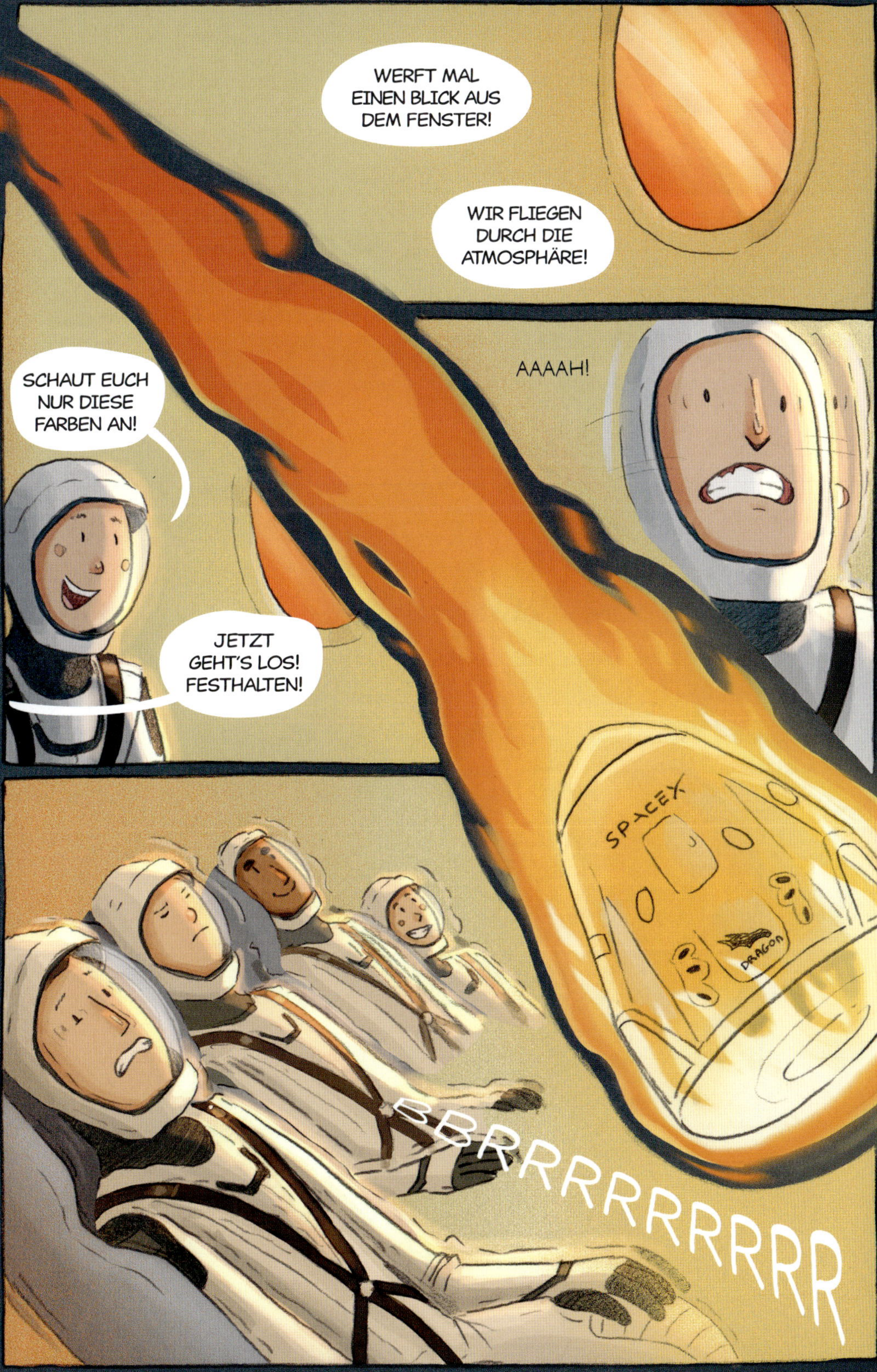
WERFT MAL EINEN BLICK AUS DEM FENSTER!
WIR FLIEGEN DURCH DIE ATMOSPHÄRE!
SCHAUT EUCH NUR DIESE FARBEN AN!
AAAAH!
JETZT GEHT'S LOS! FESTHALTEN!
SPACEX
DRAGON
BBRRRRRRRRRR

BRRRRRRRRRR
DIE KAPSEL RAST DURCH DAS FEUERHEISSE PLASMA. ABER DANK DES SCHUTZSCHILDS SPÜREN WIR VON DER HITZE NICHTS.
HALTET DURCH! WIR HABEN ES FAST GESCHAFFT! JETZT ÖFFNEN SICH DIE FALLSCHIRME!
NUR NOCH WENIGE METER ...

PLATSCH!
DIE ERDE HAT UNS WIEDER! WIR SIND SICHER IM MEER GELANDET. WÄHREND UNSERE KAPSEL IN DEN WELLEN SCHAUKELT, SEHE ICH DAS BERGUNGS-SCHIFF LANGSAM AUF UNS ZUKOMMEN.
DER MOND LEUCHTET HELL AM NACHTHIMMEL.
ER BRINGT MICH SOFORT WIEDER ZUM TRÄUMEN. ICH STELLE MIR VOR, IHN BEI MEINER NÄCHSTEN MISSION ZU BESUCHEN UND ERKUNDEN ZU DÜRFEN.
Ende

WIE TRAINIEREN

Wer in den Weltraum fliegen will, kann nicht einfach in ein Raumschiff steigen. Astronauten müssen sich viele Jahre lang auf ihre Missionen vorbereiten. Sie trainieren in verschiedenen Ländern und stellen sich zahlreichen Herausforderungen – an Land, in der Luft und unter Wasser.

HÖHLENTRAINING AUF SARDINIEN

IN DER RAUMFAHRT KOMMT ES AUF TEAMWORK AN. WIR MÜSSEN UNS BLIND AUF UNSERE KOLLEGEN VERLASSEN KÖNNEN. AUCH IN EXTREMSITUATIONEN. IN EINER HÖHLE AUF DER INSEL SARDINIEN LERNEN WIR UNTER SCHWIERIGEN BEDINGUNGEN ZUSAMMENZUARBEITEN. GEMEINSAM SUCHEN WIR NACH UNBEKANNTEN LEBEWESEN, ERKUNDEN DUNKLE GÄNGE, SCHWIMMEN DURCH UNTERIRDISCHE FLÜSSE UND SICHERN UNS GEGENSEITIG AN STEILEN FELSWÄNDEN.

AQUARIUS-UNTERWASSERSTATION

16 TAGE LANG LEBEN WIR IN EINER UNTERWASSERSTATION VOR DER KÜSTE FLORIDAS. AUF DEM MEERESBODEN SPIELEN WIR EINE MARS-MISSION NACH – AUCH AUSSENBORDEINSÄTZE GEHÖREN DAZU. DABEI TESTEN WIR GERÄTE, DIE WIR EINES TAGES MIT ZUM MARS NEHMEN MÖCHTEN.

ASTRONAUTEN?

MOND-TRAINING AUF LANZAROTE

BALD WERDEN WIEDER ASTRONAUTEN AUF DEM MOND LANDEN. WIR WOLLEN DORT STEINE SAMMELN, DIE UNS VIEL ÜBER DIE ENTSTEHUNG DES UNIVERSUMS VERRATEN. DA DIE INSEL LANZAROTE DER MONDOBERFLÄCHE ÄHNELT, BEREITEN WIR UNS DORT AUF DIE MISSION VOR. WIR LERNEN GESTEINSSORTEN KENNEN UND ARBEITEN MIT SPEZIALWERKZEUG.

ÜBERLEBENSTRAINING IN SCHWEDEN

IM JAHR 1965 HABEN ZWEI RUSSISCHE KOSMONAUTEN IHREN LANDEPLATZ VERFEHLT UND SIND IN DER WILDNIS GESTRANDET. DORT MUSSTEN SIE ZWEI TAGE AUSHARREN, BIS DIE RETTUNGSTEAMS EINTRAFEN. DAMIT WIR AUF SOLCH EINE SITUATION VORBEREITET SIND, ABSOLVIEREN WIR EIN ÜBERLEBENSTRAINING. DABEI ÜBEN WIR FEUER ZU MACHEN, UNTERKÜNFTE ZU BAUEN UND ESSEN ZU FINDEN.

SPRACHUNTERRICHT

SPRACHEN SIND EIN GROSSES HOBBY VON MIR: BEREITS WÄHREND MEINES STUDIUMS HABE ICH ENGLISCH, SPANISCH UND FRANZÖSISCH GELERNT. WEIL IN DER RAUMFAHRT IN INTERNATIONALEN TEAMS GEARBEITET WIRD, STEHEN IN DER ASTRONAUTENAUSBILDUNG NOCH RUSSISCH UND CHINESISCH AUF DEM STUNDENPLAN. AUF DER ISS REDEN WIR IN DER REGEL ENGLISCH ODER RUSSISCH MITEINANDER.

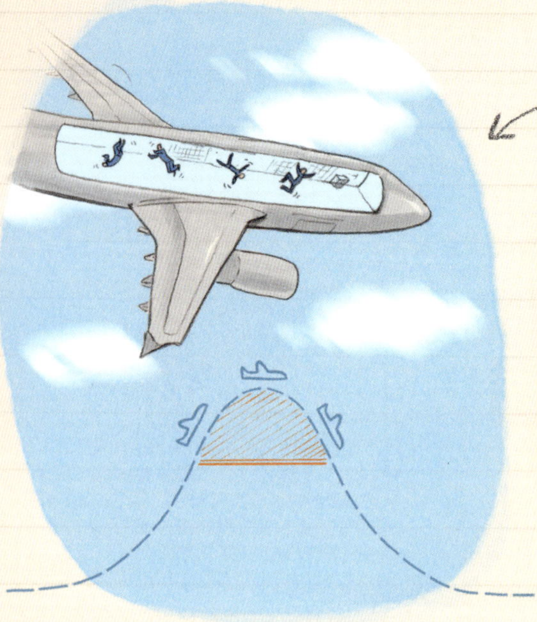

PARABELFLUG

BEI PARABELFLÜGEN BEREITEN WIR UNS AUF DIE SCHWERELOSIGKEIT VOR. DAS FUNKTIONIERT, INDEM UNSER FLUGZEUG SPEZIELLE KURVEN FLIEGT. IM OBEREN BEREICH DER KURVEN SIND WIR IMMER FÜR EXAKT 22 SEKUNDEN SCHWERELOS. DIESE ZEIT NUTZEN WIR, UM SCHWEBEN ZU LERNEN UND EXPERIMENTE DURCHZUFÜHREN.

ZENTRIFUGE

BEI START UND LANDUNG WERDEN ASTRONAUTEN MIT DEM MEHRFACHEN IHRES KÖRPERGEWICHTES IN DIE SITZE GEPRESST. UM UNS AN DIESES UNANGENEHME GEFÜHL ZU GEWÖHNEN, TRAINIEREN WIR IN EINER ZENTRIFUGE. DAS IST EINE KABINE, DIE SICH RASEND SCHNELL IM KREIS DREHT UND SO DIE BESCHLEUNIGUNGSKRÄFTE NACHAHMT.

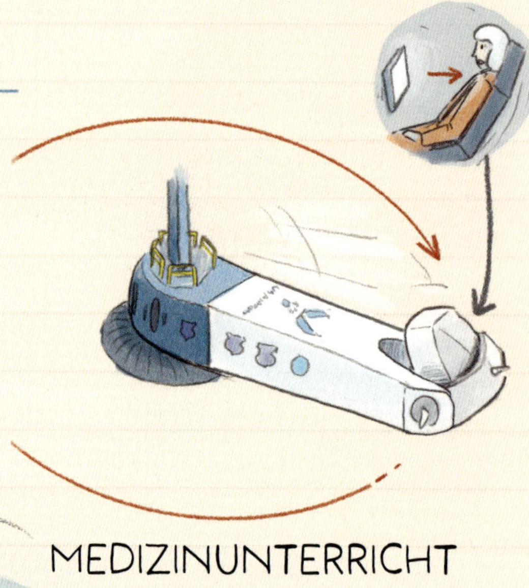

MEDIZINUNTERRICHT

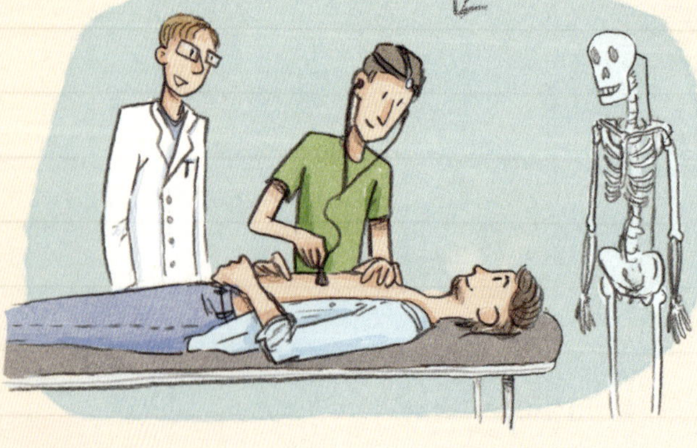

WENN WIR AUF DER RAUMSTATION KRANK WERDEN, KÖNNEN WIR NICHT EINFACH ZUM ARZT GEHEN. DIESER IST HUNDERTE KILOMETER ENTFERNT UND NUR ÜBER FUNK ERREICHBAR. DAHER MÜSSEN WIR SELBST IN DER LAGE SEIN, VERLETZUNGEN ZU VERSORGEN UND KRANKHEITEN ZU BEHANDELN. IM MEDIZINUNTERRICHT ÜBEN WIR ZUM BEISPIEL, WUNDEN ZU NÄHEN, DIE LUNGE ABZUHÖREN UND BLUT ABZUNEHMEN.

ISS-TRAINING

BEVOR WIR ZUR ISS FLIEGEN, LERNEN WIR JEDEN WINKEL UNSERES GALAKTISCHEN ZUHAUSES KENNEN. IN ÜBUNGSMODULEN ZEIGEN UNS DIE AUSBILDER, WO FEUERLÖSCHER, FUNKGERÄTE UND COMPUTER HÄNGEN. SIE ERKLÄREN UNS AUCH, WIE DIE TECHNIK DER STATION FUNKTIONIERT UND WIE WIR DIESE REPARIEREN KÖNNEN.

AUSSENBORDEINSATZ IM POOL!

ALLE REDEN IMMER VON EINEM WELTRAUM*SPAZIERGANG,* ABER EIN AUSSENBORDEINSATZ IST KNÜPPELHARTE ARBEIT – BEI DER JEDER HANDGRIFF SITZEN MUSS. WIR ÜBEN DAFÜR IN EINEM RIESIGEN POOL, IN DEM DIE ISS IN ORIGINALGRÖSSE NACHGEBAUT IST. DAS TRAINING UNTER WASSER KOMMT DER SCHWERELOSIGKEIT ZIEMLICH NAHE.

Bei der Generalprobe: ich, Tom, Raja und Kayla

Fotoshooting im Raumanzug

Unsere Crew + Mark

Anton und Pjotr

Mit dem Experiment Touching Surfaces schwebe ich im Columbus-Modul.

HIER SIND NOCH EIN PAAR MEINER LIEBLINGSFOTOS

Mein Außenbordeinsatz

Die Cupola ... Seht ihr mich?

Kayla und die Chilis

Weihnachten auf der ISS

Beim Sport, Cupola im Hintergrund

Training für einen Außenbordeinsatz

MATTHIAS MAURER
ESA-ASTRONAUT

Er ist am 11. November 2021 zu seiner Mission ins Weltall gestartet und hat 175 Tage auf der Internationalen Raumstation verbracht. Er interessiert sich sehr für Wissenschaft und Technik, liebt es zu reisen und die Vielfalt der Erde zu entdecken, fremde Sprachen und Kulturen kennenzulernen und überall neue Freunde zu finden. Genau deshalb ist er ESA-Astronaut geworden.

NOA SAUER
ILLUSTRATORIN

Sie liebt es zu zeichnen, zu tanzen und im Wald spazieren zu gehen. Eine Sache, die sie an ihrer Arbeit als Illustratorin wirklich genießt, ist, dass sie immer wieder Neues lernt – zum Beispiel über das Leben von Astronauten. Sie lebt in Barcelona, wo sie auch aufgewachsen ist.

SARAH KONRAD
AUTORIN

Sie hat Matthias Maurer im Jahr 2019 bei einem Interview kennengelernt – und seither oft in der Saarbrücker Zeitung über ihn berichtet. Seine Mission begleitete sie von Anfang an und war sogar beim Raketenstart in Florida live dabei. Zusammen mit dem ESA-Astronauten hat sie schon ein Buch für Erwachsene über dessen Abenteuer geschrieben. Neben der Raumfahrt mag sie das Reisen.